NØKKELEN

SETHIANSK GNOSTISISME
I PRAKSIS

RUNE ØDEGAARD

KRYSTIANIA

Published 2009 by Krystiania

© Rune Ødegaard 2009

Cover: Rune Ødegaard og Joachim Svela

ISBN 978-82-998243-0-9

INNHOLD

"Det er ikke tiden da verden ble til som i seg selv bekymrer oss; det er heller ikke det såkalte fallet eller tiden da mennesket vandret i verden mellom lys og mørke.
Det som uroer oss, er det vi mistenker at hendte i tiden før tiden".

Magister Amarantus
Sodalitas Sanctum Seth

Dedikert til lysets pilegrimer, som bærer Opphavets og Menneskets uvurderlige mysterium gjennom tidsaldrenes lys og mørke, like til verdens ende.

OM DENNE BOKEN

Det er denne bokens intensjon å formidle en grunnleggende forståelse for sethiansk gnostisisme fra et deltakende ståsted, gjennom lesning av mytefortellingen.

I og med at denne boken er skrevet fra et innenfraperspektiv, søker den ikke å bli ansett som et akademisk verk, men forfatteren forsøker allikevel å gi en nyansert presentasjon av en ofte misforstått tradisjon.

Boken vil belyse denne erkjennelsesveien fra et samtidsperspektiv, fra ståstedet til en praktiserende bærer av denne tradisjonen, og vise hvordan sethianismens bruk av de overleverte fortellingene kan sies å være en nøkkel til frihet og fred gjennom å forstå menneskets posisjon, dets mentale og åndelige komposisjoner, og dets opphold i verden.

Boken har ikke som intensjon å forkynne eller drive promoterende markedsføring for en gnostisk livsanskuelse, men søker å gi en tolkningsnøkkel til den som ønsker å utforske denne tradisjonen.

Dette verket er heller ikke ment som en introduksjon til gnostisisme i sin allmennhet, for slike bøker finnes det allerede mange av, eksempelvis Elaine Pagels' *De gnostiske evangelier*, og Stephan Hoellers *Gnosticism in a new millennium*. Dette er en bok for de som allerede har en grunnforståelse av tematikken, eller som søker sethianismens særpreg.

Jeg håper at boken vil være til nytte og inspirasjon, for alle som søker å utforske det største mysteriet som finnes, nemlig Mennesket.

TAKK TIL

Jeg ønsker å rette en takk til alle som har kommet med innspill til denne boken.

Til alle som har fortalt meg hvilke begreper som må forklares, om andre enn sethianere skal ha glede av boken.

Og en stor takk til min kone Kjersti, for korrekturlesing av boken før trykk.

Alle gjenværende feil og mangler er naturligvis mine egne.

FORORD

Fra attenhundretallet og frem til i dag har det blitt skrevet stadig flere bøker og artikler om gnostisisme, og om retninger som misvisende kalles gnostisisme, fordi de beskriver utallige systemer der forløsningen skal være basert på erfaring, i stedet for tro. Gnosis-baserte systemer og gnostisisme er imidlertid to forskjellige ting. De gnosis-baserte retningene er erfaringsbaserte veier til et religiøst mål, mens gnostisismen fordrer en eller annen variant av hovedelementene i den gnostiske myten. Disse elementene vil bli presentert i sammenheng med denne bokens gnostiske fortelling.

Gnostisisme som samlebegrep har imidlertid likhetstrekk i mytemateriale og teologi, som gir den en egenart. Det vil derfor være like absurd å skrive om norrøn gnostisisme, som å skrive om buddhistisk pinsebevegelse.

Forfatteren vil imidlertid ikke forsøke å bedømme sanne og falske profeter i denne boken, men har inkludert en leseliste bakerst, for den som vil lese mer om den form for gnostisisme som er i overensstemmelse med det som presenteres her.

Det er imidlertid, etter hva forfatteren er kjent med, ikke blitt skrevet noen bøker som har et innenfraperspektiv på den gnostiske retningen sethianisme, eller klassisk gnostisisme, om moderne lesning og bruk av tradisjonens mytologiske fortellinger og rituelle materiale.

Denne boken er derfor noe så spesielt som en innføringsbok i gnostisk sethiansk tolkningslære, slik denne kommer til uttrykk hos den sethianske mysterieskolen *Sodalitas Sanctum Seth*.

Meningen er at denne boken skal være første bok i en trilogi.

Første bok gir en introduksjon til sethianisme, og hvordan man leser sethianske tekster som forløsningsutløsende tekster. Andre bok vil være en tekstsamling bestående av sethianske moderne evangelier og brev, med kommentarer. Dette vil være tekster som blir tilgjengeliggjort for publisering fra *Sodalitas Sanctum Seth.* Tredje bok vil bestå av beskrivelser av praksis og seremonier fra det sethianske samfunnet, med kommentarer fra forfatteren.

Til sammen skal disse bøkene gi en grunnleggende og helhetlig forståelse av moderne sethianisme, som en egen levende tradisjon, og del av den åndelige retningen som kalles gnostisisme. Gnostisisme skiller seg fra mange andre åndelige retninger, ved at den er basert på erfaring istedenfor tro. Det sier seg derfor selv at denne boken ikke kan formidle en fullverdig forståelse av *gnosis* (=erkjennelse), men den skal kunne peke leseren i retning til selv å finne utforske den.

Slik vil boken kunne være en dør for de som søker, og som er på det punkt i livet at de er rede for å finne.

Boken er slik ment som en innføringsbok i sethiansk tradisjon, men er også en gåte. For gjennom å absorbere fortellingen som gjengis her under navnet *Eleleths bok,* ja selv bare ved å lese den oppmerksomt, vil gnostiske prosesser kunne initieres i dypet av leserens sinn.

Husk derfor når du nå nærmer deg materiale av denne karakter, at mens du leser, leser også boken deg.

Rune Ødegaard
Oslo
Epifanien 2009

13

TRO OG ERKJENNELSE

Siden skriftspråkets tilblivelse og trolig enda tidligere har mennesket søkt mening og forståelse av sin eksistens på jorden. Utallige læremestere, profeter og hellige menn og kvinner har pekt i ulike retninger for å vise oss hvor vi skal gå, hvordan vi skal leve og hvordan vi skal dø. Historiens menn og kvinner har samlet seg og organisert og tolket lære, tegn og fenomener og bygd religiøse organisasjoner for å sørge for en større fellesforståelse av hensikten med menneskelivet. Verdensreligionene har systematisert og institusjonalisert opphavpersonenes lære og tilpasset den til konteksten, organisasjonenes, personenes og politikkens behov.

TO TYPER RELIGIONER, OG EN VEILØS VEI

Gjennom hele denne historien har et mønster gjentatt seg: Man har en ildsjel som har opplevd en form for personlig erfaring med noe annerledesartet og åndelig, som denne tolker som hellig, slik som profeten Muhammed eller Rudolf Steiner som begge reformerte noe bestående. Begge hadde erfaringer som gav seg til uttrykk i en lære eller en vei.

Dette kan ofte fungere som en korreks eller en antitese til det bestående. Ildsjelen får deretter tilhørere som ikke selv har hatt erfaringen, men som har tillit til det erfaringsmaterialet som foreligger. Tilhørerne får dermed en mottakerrolle i forhold til den som startet bevegelsen. Siden de ikke har opplevd det samme selv, og ikke har direkte egenerfaring med dets opphav, forholder de seg heller i de fleste tilfeller dogmatisk til den lære som er blitt formidlet etter lærerens død.

Organisasjonen størkner i dogmene, og utvikler sine strukturer, frem til nye ildsjeler har erfaringer. Organisasjonen må da bestemme seg for om erfaringen er i tråd med deres forståelse av opphavets lære. Om ikke, velger de tradisjonelt å underkjenne nye åpenbaringer, eller erklære dem som uortodokse eller kjetterske.

Det kreves et strukturert hierarki for å drive en organisasjon som skal formidle lover om mening og innhold og som skal kunne håndheve en opplæring innen disse rammene, og som også skal være en form for samfunnsaktør.

I dagens vestlige postmoderne samfunn står imidlertid de store religiøse organisasjonene overfor en stor utfordring, eller i det minste en korsvei. Samfunnets homogenitet oppløses, meningsfellesskapet splittes opp, og de store ideologienes fall har vist at universalismen ikke kan bestå.

Individualisme, uavhengighet og personlig involvering i kunnskapskonstruksjon avløser de gamle religionenes fellesforståelse, avhengighet og tro.

Dette er et samfunn der det oppriktig søkende mennesket i stor grad står i fare for å oppsøke ytterpunkter. På den ene siden kan dette skje i form av streng religiøs praksis, der man kan drukne tvilen og meningspluralismen sammen med eierskapet til sin egen forståelse og sine vurderingers verdi.

I slike tradisjoner danner dogmene, reglene og de hellige skriftene et kognitivt bur som liv og erfaringer presses inn i, til de er internalisert som selvoppholdende deler av personligheten.

På den annen side har vi mennesker som slipper all tro på tidligere erfaring og sannhet, og velger en vei kun basert på følelser og intuisjon. Uten noen form for kart eller kompass går de inn i et åndelig fragmentert supermarked og beveger seg fra butikk til butikk, fra lære til lære, på kurs etter kurs i jakten på opplevelser for å egge og tilfredsstille følelseslivet.

15

Slike personer ønsker så gjerne å tro og oppleve, at de måler åndelige retninger ut fra deres evne til å utløse stimulerende følelser, som igjen tolkes som direkte kontakt med guder og engler. Denne veien vil kunne ende med en form for opplevelsesavhengighet, der annerledesartede opplevelser ofte er viktigere enn betydningen av dem, og hvor kursholders karisma er viktigere enn kunnskap og fakta.

Dette er selvsagt en grov karikering av personlighetstyper. En mer moderat karakterisering ville være å se dem som ytterpunkter på et kontinuum, hvor man i den ene enden har de dogmatisk religiøse menneskene, og på den annen side de pluralistiske og usystematiske nyreligiøse.

Disse to mennesketypene vil bli omtalt videre i boken, der den første beskrives som en *abelianer* (etter Abel, Adams andre sønn) og den andre *kainitt* (etter Kain, Adams første sønn)

I følge gnostisk tradisjon er begge disse tilnærmingene villedende for mennesket. Behovet for å forstå meningen med tilværelsens, menneskets og Guds mysterium kan ikke erverves gjennom dogmatisk underkastelse, ei heller ved tillit til sansenes instabilitet.

Denne boken peker mot en vei som ikke er en vei, men heller en vei mellom veiene. Det er en fortelling som er blitt fortalt ved klokkens trettende time, fra en mental posisjon mellom sannhet og løgn, virkelighet og drøm, i et sjelelig sted som forener alle ting i et punkt uten sentrum eller utstrekning.

Tradisjonen som denne boken henviser til, har en systematisk og forskende tilnærming til forløsning eller frelse. Denne tradisjonen tar utgangspunkt i Bibelens fortellinger om opphavstiden, om Guds natur, om hvordan vi havnet her, og hvordan man igjen skal kunne gjenerobre det tapte ved å stole på egne krefter, beholde vår uavhengighet og tro på det vi erkjenner.

Dette er veien som av mange er blitt kalt gnostisisme.

Sethianisme, Gnosis og Charaxio

Gnostisisme er, som ordet antyder, viten eller erkjennelsesbasert viten. Til dette reiser det seg et naturlig spørsmål: Hva er det gnostikeren vet? Svaret på dette spørsmålet er både enkelt og komplisert. Det dreier seg om å forstå det rette forholdet mellom Gud, mennesket og naturen. Det er spørsmålet om hvem vi er, hvor vi kom fra og hvor vi er på vei. Svaret på dette er det som i denne boken, og i mange esoteriske skoler og ordensselskap, omtales som Mysteriet. Dette Mysteriet (med stor M) er en erkjennelse som i seg selv bevirker en forandringsprosess i vesenet til den som erkjenner. Ved siden av dette Mysteriet, er det andre mysterier eller hemmeligheter, men ingen overgår dette, eller er av samme betydning.

Å leve med gnosis er en livsanskuelse og en verdensanskuelse. Det er litt som å se på 3D-bilder som først bare ser ut som prikker og farger, men er laget slik at om man stirrer inn i, og forbi det, vil et bakenforliggende bilde komme frem fra det tilsynelatende intetsigende mønsteret.

Gnostisisme som begrep er imidlertid en svært upresis betegnelse, som kun sier noe om tilnærmingen. Det er som å putte katolisisme, mormonisme og bahá'í-troen sammen med alle andre trosbaserte religioner og trosretninger, og kalle det *pistisisme* (*pistis*=tro), siden de alle er trosbasert. Inndelingen i pistisisme og gnostisisme har en verdi i den forstand at den peker på motsetningenes kjerne i forhold til tilnærming. Begrepet pistisisme vil allikevel bli brukt videre for å skille mellom erkjennelsesbaserte og trosbaserte perspektiver.

SETHIANISME

Den formen for gnostisisme som det er tale om i denne boken, er sethiansk gnostisisme eller sethianisme.

Sethianisme har fått sitt navn etter Adams tredje sønn Seth, og hadde sin veksttid i perioden fra ca 300 før til 300 etter Kristus. Sethianismen er kun én av de mange såkalt gnostiske retningene, som var like mangfoldige i sine organisasjoner og bevegelser som pistikerne er i dag.

Denne gnostiske retningen er trolig blant de eldste av de organiserte gnostiske retningene som hadde en grunnleggende systematisk teologi, med felles sakramenter og innvidde medlemmer.

Gjennom sin første periode på ca 600 år hadde tradisjonen trolig tre større reformer, noe som gjenspeiles i tekstene som ble funnet begravd i Nag Hammadi i Egypt.

Denne tekstsamlingen, som utgjør det hittil viktigste funnet av gnostisk litteratur, ble trolig begravd da tekstene ble forbudt av kirken. Tekstene ble funnet av en gjeter i forrige århundre, og fikk en utfordrende reise før de kom akademia i hende.

De tre sethianske periodene, eller reformene, var en jødisk, en kristen og en platonsk. I alle disse periodene trekkes tidligere forståelse med inn i nye drakter. Det vil si at formen forandres mens kjernen består.

Det er den jødisk-kristne perioden som er toneangivende for beskrivelsene her, da det kan se ut til å være denne perioden som ble toneangivende for svært mange skudd på det gnostiske treet.

CHARAXIO

I de tidlige sethianske tekstene fortelles det at Seth gjemte sine hemmeligheter på toppen av et fjell. Dette fjellet omtales som fjellet Charaxio.

Dette er trolig ikke et fjell med en fysisk lokasjon i verden, men et annet sted i en annen dimensjon, et sted i sinnet, mellom drøm, våken tilstand og søvn. Beskrivelsen av dette sentrale fjellet har imidlertid gjort at sethianere assosierer seg med livet i fjellet. Læren som skal være forvart på Charaxio er som et mønster av arketypiske drømmebilder, som kan sammenliknes med en arketypisk radiokanal. Sethianere stiller seg inn på denne kanalen for å la seg inspirere.

I *Sodalitas Sanctum Seth* er *Charaxio* også navnet på en boksamling. Denne består av tre deler: Første del består av de gamle sethianske tekstene: *Johannes' hemmelige bok, Den store usynlige Åndens bok, Herskermaktenes natur, Noreas tanke, Naassenersalmen, Seths tre tavler, Den første tanke i tre former, Adams apokalypse, Den Ukjente, Den Ukjentes bok, Melchizedek, Marsanes, Zostramos, Thomasevangeliet* og *Judasevangeliet*. Av disse er ikke *Thomasevangeliet* og *Naassenersalmen* beskrevet som sethianske tekster, siden den sethianske mytologien ikke er en direkte del av disse bøkene. De brukes allikevel innen tradisjonens moderne manifestasjon.

Den andre delen består av forklaringer og tolkninger samt fortellinger og brev. *Eleleths bok* publiseres i denne boken, mens øvrige tekster foreløpig er forbeholdt innvidde i *Sodalitas Sanctum Seth*.

Dette er et uttrykk for tradisjonens liv. Språket skaper på mange måter virkeligeten vi lever i, og det fordres derfor at man skal kunne uttrykke gnosis på en egen måte. Den tredje delen består av ritualer og seremonier og instruksjoner til praksis og sakramenter.

Charaxio er ingen kanon, for en kanon er en størknet form, preget av den historiske og kulturelle konteksten den størknet i. *Charaxio* kan heller med rette kalles en inspirasjonsbok, eller et kompass.

KONTROVERSIELLE TOLKNINGER

I dette kapitlet skal vi forsøke å oppklare noen av de vanligste misforståelsene knyttet til de klassiske gnostiske fortellingene. Mange av disse stammer fra tiden da kirkefedrene skrev sine verk mot de gnostiske samfunnene, slik som Irenaeus' storverk mot kjetteri, som også har vært premissleverandører for debatten omkring gnostisisme helt frem til vår egen tid.

Problemet som imidlertid møter de fleste som vil forsvare gnostisk lære med ord eller tekst, er at den ikke lar seg forsvare gjennom lineær og logisk argumentasjon, da det bare er den delen av isfjellet som ligger over vannflaten som kan beskrives og benevnes. Resten, som er hoveddelen av fjellet, ligger gjemt i erfaringssystemer, tolkninger og medbrakt livserfaring. Gnostisisme er et mentalt sprang ut i det utenkelige og ukjente, og som krever et drastisk *eureka*, som flytter sinnet til full forståelse av fjellets fasong.

Det er derfor meningen at leseren skal kunne få et glimt av hva som befinner seg under overflaten gjennom denne boken. For å berede grunnen for dykket, vil dette kapitlet behandle noen forestillinger som kan hindre denne innsikten, slik at disse spørsmålene ikke skal komme opp underveis i reisen og lage dugg på ens åndelige dykkebriller.

GNOSTISISME SOM SAMLEBETEGNELSE

Utgangspunktet for mange misforståelser er, som allerede nevnt, at gnostisisme er blitt behandlet under ett. For å forstå den såkalte gnostisismen, gjør vi klokest i å se på retningene hver for seg, og sortere hvilke tekster som primært tilhører hvilke retninger. En av hovedinnsigelsene mot gnostikerne var at de ikke hadde en hellig bok, eller en skriftsamling som det var enighet om. Dette er forsåvidt korrekt, men dette var også situasjonen for de øvrige kristne retningene i samtiden. En av de første som gjorde et forsøk på å lage en kanon, var Marcion som ville basere den på Lukasevangeliet og et utvalg av Paulus' brev. Motreaksjonen på dette ble det som for ettertiden kalles Athanasius' påskebrev fra år 367, som beskriver det som blir kalt Det nye testamente, som Romerrikets keiser Konstantin støttet, og som hans etterkommere fastsatte som grunnlaget for den eneste tillatte kristendom (og eneste aksepterte religion for den saks skyld).

Det skal allikevel sies at det er lite som tyder på at den klassiske gnostisismen hadde noen målsetning om å etablere en kanon, da det var da som det er nå, erkjennelsen og dens betydning som står i sentrum, ikke et fastsatt tekstmateriale. For i sethianismen er tekstene kun tradisjonens ytre form eller maske.

Det som holder sethianismen sammen, er en fortelling. Den gnostiske fortellingen kan sies å ha elementer som inngår i dens felles fortellingsmal, men har ingen fast form. Den kan fortelles ved bruk av et hvilket som helst formspråk eller mytologi. Sethanismen brukte gammeltestamentet, nytestamentet og platonisme, men kunne like gjerne brukt egyptisk mytologi eller Mitraskulten som utgangspunkt. Budskapet er uavhengig av gudenavn og mytologier, men bruker gjerne disse som virkemidler for å nå frem, og for lettere å kunne anvende den i

23

tråd med egen kulturell forståelse.

I vår tid kan man si at science fiction-forfatteren Philip K. Dick og filmen *Matrix* tidvis representerer moderne former av den samme gnostiske fortellingen.

Underholdningsindustrien lærer vanligvis ikke bort gnostisisme, men kan uintendert eller intendert fungere som erkjennelsesnøkler og oppvekkere for de som er rede for dem, eller for at 'de som har ører skal høre'.

Elitisme

Den klassiske gnostisismen var et initiatorisk lukket samfunn, som samlet seg om en erkjennelse i stedet for en tro. Dette har gjort at den gjennom historien er blitt kritisert for å være elitistisk.

Det er to elementer i denne innsigelsen: den lukkede karakteren og fokuset på erkjennelse.

I tiden fra 300 før Kristus og til 300, som omfatter hellenismen, var mysteriesamfunnene i større grad regelen enn unntaket i området som kristendommen oppstod i. Kristendommen presenterte seg også som et mysteriesamfunn, men hadde den uvanlige regelen at man kun kunne være medlem av dette ene samfunnet, om man skulle delta. Dette kan sies å være et forvarsel om kristendommens dominerende rolle.

Overgangen begynte med at keiser Konstantin gav den katolske kristendommen rett til å praktisere i Romerriket, og ble fullbyrdet da hans etterkommer Theodosius i 392 gav romersk kristendom religiøst monopol, med dødsstraff for dem som fortsatte å følge andre religiøse retninger.

Dagens sethianere er, så langt vi vet, mer åpne enn under hellenismen. Den sethianske fortellingen er i sitt grunnriss fortalt i *Johannes' hemmelige bok*, og det brukes sakramental praksis for å understøtte den enkeltes utvikling eller forløsning. Det er også åpenbart at dette kun er formen som holder innholdet, som er den enkeltes erkjennelse. Det er gjennom å levendegjøre fortellingen at man forstår dens funksjon på sjel og sinn.

For å ha utbytte av et sethiansk mysteriefelleskap må man ha hatt, eller være på søken etter, en gnostisk erfaring.

Hva dette vil si er vanskelig å forklare, men det kan ha elementer av at man har opplevd at det er noe som ikke stemmer med tilværelsens komposisjon, en form for eksistensiell opplevelse av at virkeligheten ikke er virkelig nok.

Det er gjennom samtale med initierte som allerede besitter denne opplevelsen, at man enklest kan avklare om det er en form for gnostisk opplevelse man har hatt eller ikke. Dette trenger ikke å dreie seg om en stor, omkalfatrende åndelig opplevelse. Det kan også være at man har funnet dette skjøre punktet ved virkeligheten gjennom for eksempel filosofi eller kunst.

Selv om gnostisisme krever en egenaktivitet om den skal kunne åpne en indre dør, bør imidlertid ikke dette kvalifisere til betegnelsen elitisme. Kriteriet om ansvarlig egenerfaring og kritisk nytenkning bør ikke skremme det moderne skolerte mennesket.

Den som avskriver menneskets egne opplevelser og bestrebelser, til fordel for en passiv tilhengerrolle, og som kaller det motsatte elitisme, kan fra et gnostisk ståsted snarere påstås å ha foruroligende prioriteringer.

DUALISME

For å forstå kritikken om dualisme, må man bevege seg inn i fortellingenes mytologiske materiale. På dette tidspunkt vil denne drøftingen kun fungere som en introduksjon til problematikken rundt gudsforståelse. Dette er et mysterium, hvor enkelte sider kan forklares, mens enkelte deler ligger utenfor det intellektuelt begripbare og forklarbare. Det som kritikken omfatter er imidlertid ikke like vanskelig å forklare, da det i stor grad er basert på misforståelser, som muligens kommer av at man har med seg sin forståelse av pistisk dualistisk kristendom inn i fortolkningen av den gnostiske kristendommen.

Svært forenklet kan man si at det finnes en fullkommen virkelighet og et abortert speilbilde. Den fullkomne virkeligheten er en ikke-materiell balansert skapelse, som eksisterer i en tilstand av perfekt harmoni, hvor alt tar del i hverandres væren, like inn i den Usynlige Ånden, som er Monaden eller Gud. Dette stedet, som ikke er et sted, kalles *Plaeroma*, eller Fylden.

Speilingen av dette skjer i et skjæringspunkt, hvor alt som er over kaster et fordreid bilde inn i tomrommet. Det er egoets tilblivelse i en verden hvor alt før var én meditativ virkelighet.

I dette skjæringspunktet oppstår entitetene som i gnostiske tradisjoner kalles *Yaldabout*, verdens skaper og *Nebroel*, motstanderen eller opprøreren.

Verden oppstår som en størknet materiell manifestasjon av deres virke. Dette vil si at verden ikke er god eller ond. Den er bare en forfeilet dimensjon av væren, der det ikke er noen sammenheng mellom godhjertethet og et godt liv, mellom livsførsel og rettferdig belønning, mellom kjærlighet til skaperen og skaperens kjærlighet til oss.

Fysikken og biologien kan gi oss leveregler for hva vi bør spise, og hvilke aktiviteter som er gode for helsen, for å bedre mulighetene våre. Men ingenting kan forsikre oss mot uforskyldt sykdom, ulykke eller uforutsett fattigdom. I denne sammenheng er det intet som tyder på at skaperen holder av de som er trofaste mot ham. Yaldabout og Nebroel representerer egoets kamp mot seg selv, verdens polare spenninger, og de er som to sider av samme mynt.

Yaldabout lager regler for rett atferd og belønner og straffer i det hinsidige, mens hans motstykke Nebroel er den lovløse som ser bort fra reglene, og oppfordrer til dennesidige nytelser og materialistisk søken.

Disse representerer sinnets fengsel som opptar menneskesinnet, slik at det ikke skal heve blikket fra den polare spenningen i skapelsen.

Klassisk gnostisisme ligger nærmere å være monisme, et standpunkt hvor alle verdens prosesser og fenomener kan tilbakeføres til ett grunnprinsipp.

Det eneste som egentlig eksisterer er Plaeroma, som også kalles Fylden. Yaldabout og Nebroel er vokterne av den drømmen (og marerittet) som mennesket opplever som livet på jorden. Gjennom å erkjenne denne dualitetens natur, kan man leve i verden, uten å være av verden. Man vil da ikke klamre seg til falske håp eller frykte skjebnelignende forestillinger, men heller komponere sitt eget liv og vurdere sitt eget forhold til seg selv, andre og verden.

Alt som kreves er at man våkner fra mytenes og kulturens søvn.

Satanisme

I mange gnostiske tekster gjøres det ikke et eksplisitt skille mellom Yaldabout og Nebroel, eller Gud og Satan. Yaldabout fremstår med begge kvalitetene, hvor han belønner og straffer på et, med dagens øyne, usaklig og til tider grusomt grunnlag. Den klassiske gnostisismen, og da særlig sethianismen, har et svært lite fordelaktig syn på skaperen av denne verden, og mener at han ikke er Gud men en demiurg, altså en halvskaper som agerer som gud etter egne regler, som ikke er tilpasset det skaperverk han har laget, siden han til stadighet har behov for å straffe, torturere og drepe. Et godt eksempel er historien om Kora i Fjerde Mosebok, kapittel 16. Her drar Gud Kora og hele hans familie og slekt levende ned i dødsriket, fordi Koras familie også ville tjene Gud, slik som Aron og Moses. På toppen av det hele ber Gud de gjenlevende om å samle sammen glørne etter at flammene hadde tatt Kora og hans slekt, og lage metallplater til å kle alteret med, siden glørne var helliget ved hans berøring...
Gnostikere ser derfor ofte positivt på eksempelvis Kora og hans familie, som fra et rasjonelt ståsted kan hevdes å ha blitt utsatt for massemord, på grunn av sitt ønske om et mer intimt forhold til sin gud, en gud som på sin side bestemmer seg for å massakrere ham, sammen med menn, kvinner og barn.
Yaldabout, eller skaperen, har sine klare helter i fortellingen. Disse er ofte krigerske lederskikkelser, som eksempelvis David, Aron og Josva, som ikke anses som helter av gnostikerne.
Bibelens og Yaldabouts motstandere kan fra et sethianisk ståsted deles i to grupper. De kan tilhøre Nebroel og komme for å bidra til at mennesket løsriver seg fra Yaldabouts lover, noe som vil kunne medføre at mennesket fanges på nytt i polaritetsproblematikken fra materialismens og mørkets side. Eller de kan komme fra

Plaeroma for å bidra til befrielsen av mennesket fra dualitetene og vanelivets blindende søvntilstand. Eksempler på dette er slangen, Seth og Judas.

Det er viktig å påpeke at dette kan forstås psykologisk så vel som religiøst, og må på ingen måte anses som dogmer, men bilder på en virkelighet som finnes parallelt i mytologien og i vår hverdag. Den eneste som kan skille Yaldabouts, Nebroels og Plaeromas engler fra hverandre er den som har gnosis, for dette er den eneste sannhetsmålestokken som kan brukes på verdslige erfaringer av mellommenneskelig natur, så vel som på guddommelige åpenbaringer.

Resultatet for Yaldabout og hans tilhengere er i alle tilfeller det samme, uavhengig av om en regel brytes på grunn av manglende respekt for loven, eller om det gjøres for å løse lenken som holder menneskesinnet fanget i Yaldabouts kognitive fengsel. For eksempel berettes det i de sethianske fortellingene om hvordan slangen i Edens hage bidro til å frigjøre mennesket fra sin narkoseliknende tilstand av fangenskap, i et mentalt passiviserende og meningsløst vakuum. Yaldabout vil at mennesket skal etterstrebe å opprettholde hans umulige regler, for han kjenner ikke menneskets sanne natur, som er guddommelig og fri og umulig å passe inn i et psykologisk bur. Et slikt bur kan til og med føre til angst og psykiske lidelser. Det er ikke så rent få av de som lider av psykoser, som tror at gud vil straffe dem om de ikke opprettholder en form for tvangsmønster. Yaldabout holder sine tilhengere i sjakk ved å vise til straff og muligheter for forsoning, ved å ta på seg ytterligere forpliktelser eller bære en større byrde av selvutilstrekkelighet.

Det er imidlertid viktig for disse stridende kreftene at kampen mellom det gode og det onde fortsetter, for uten den ene kunne ikke den andre eksistere, og de menneskelige skjebnene som er fanget i dette paradigmet vil, som i Platons hulelignelse, snu seg og se virkeligheten og frihetens gode liv.

For å konkludere i spørsmålet om hvorvidt klassisk gnostisisme er satanisme, så er det urimelig å kalle noen som ikke tror på Satans uavhengige eksistens, og som ikke tilber Satan, for en satanist.

Men dersom en satanist skal defineres som en som ikke tror at verdens skaper er den høyeste Gud, så er all gnostisisme satanisme i følge deres tolkninger.

LEGEMET

Gjennom lesing av de sethianske tekstene, og særlig *Johannes'*
hemmelige bok, kan det synes som om kjødet generelt beskrives
som et ubetinget onde, som er bindende, forvirrende og
ødeleggende for den gnostiske forløsningsprosessen
En slik lesning av tekstene er en generalisering. Selv om legemet
ikke er noe mål i seg selv, har det viktige funksjoner mens vi er i
verden.

Forståelsen av legemet er knyttet sammen med den sethianske
fortellingen, og hva den sier om kroppens tilblivelse som
herskermaktenes verk.

Kroppen er imidlertid ikke ond, men den er en utfordring.
Grunnen til dette er dens ubestandige natur, at den til stadighet
trenger oppmerksomhet og pleie. Den er en utfordring fordi den
gir opphav til nytelse og smerte, som leder oppmerksomheten
bort fra det åndelige og inn i kronisk hverdagsbevissthet for den
uoppmerksomme. Den er en utfordring fordi den er nøye knyttet
til vår åndelige natur, gjennom sjelen. Dette vil si at kroppen må
fungere, i det minste på et minimumsnivå, for at vi skal kunne
bruke den som et åndelig prosessverktøy.

Alderdommen er av noen sethianere ansett som et gode, i
den forstand at den kan lette ervervelsen av erkjennelse; for
i alderdommen assosierer man seg ofte ikke så sterkt med
kroppen, da mye av dens vitalitet og ungdommelige skjønnhet
er borte. Det eneste som da kan stå i veien er frykten for å dø,
eller alvorlig sykdom som kan frarøve en forstanden.

Kroppen er imidlertid også laget etter guddommelige
arbeidstegninger, selv om det er brukt dårlig materiale. Dette

gjør kroppen til et mulig kart, eller til et sett med gåter som gjennom riktig tilnærming kan gi viktig informasjon på veien mot erkjennelse og forløsning. For der det finnes en låst dør finnes det også en nøkkel.

SEKSUALITET

Det er mange perspektiver på seksualitet i de gnostiske tradisjonene, i likhet med i pistisk religion. Disse perspektivene belyser både nedbrytende og fullbyrdende sider, som indikeres i beskrivelsen av Kain, Abel og Seths unnfangelse i *Johannes' hemmelige bok*. I denne fortellingen er det bare Seth som unnfanges av Adam og Eva, mens Kain og Abel er barn av henholdsvis Eva og Nebroel og Eva og Yaldabout.

Det er potensiell fare knyttet til seksualitet, som gjør at den bør behandles med våkenhet og oppmerksomhet, da den er nært knyttet til menneskets selvforståelse i legemet, samt til velvære og tilhørighet i verden.

I sethianisme er sex et gode så lenge partene gjenkjenner guddommeligheten i hverandre, slik at de gjennom foreningen kan forenes slik som parene i Plaeroma forenes. Seksuell forening er da ikke et produkt av ren fysisk lyst, av vold eller perversjon, men av å søke en erfaring av forening og helhet og ekstase, som igjen kjennetegner deler av forløsningsprosessen.

Dette betyr ikke at sethianismen fordømmer seksuell omgang for lystens skyld eller med partnere man ikke er dedikert til, men at man i slik omgang med seksualiteten bør være årvåken, slik at det ikke fører med seg følelsesmessige problemer av personlig eller relasjonell natur, som igjen kan bidra til en uhensiktsmessig forbindelse til den materielle verden.

DET GNOSTISKE HJULETS DREININGER

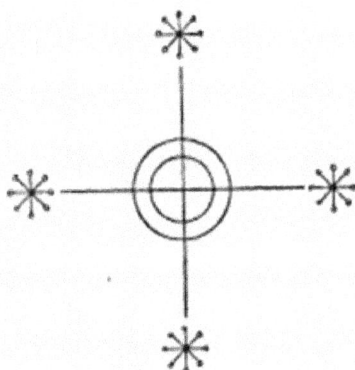

DEN FØRSTE DREININGEN: TILBLIVELSEN

I tidlig gnostisime, fra 300-tallet før vår tidsregning, utviklet gnostiske læremestre flere historier som skulle formidle samme erkjennelse og mysterium. Likheten i disse tidlige historiene ligger i at mennesket er skapt hellig, uendelig og godt som et åndelig vesen, men at det gjennom en guddommelig tragedie blir fanget i mørke og materie.

Verden holder mennesket i en beruset dvaleliknende tilstand. Fortellingene sier at det ikke er Satan eller noen ukomplisert kraft av ren ondskap som holder menneskeheten fanget, men verdens skaper som utgir seg for å være menneskets far.

Tidlig tradisjon, som beskrevet i flere av Nag Hammadi-funnets tekster, sier at gjennom å komme til erkjennelse om sitt opphav, vil mennesket kunne bevirke sin egen frelse gjennom møtet med Kristus og Sophia (den Hellige Ånd) for mennesket var aldri urent.

Sethianismen har sin egen fortelling om hvordan tradisjonen ble til. Dette beskrives blant annet i *Den store Usynlige åndens bok*, eller *Egypternes Evangelium*. Denne sier følgende om Seths slekts historie:

"Den store Seth kom og plantet sin sæd i eonene her nede, hvis tall er tallet til Sodoma. Noen sier at Sodoma er den store Seths beitemark, det vil si Gomorra. Andre sier at den store Seth tok sin avling fra Gomorra, og plantet den et annet sted han kalte Sodoma. Dette er slekten som ble til gjennom Edokla, for gjennom Ordet fødte hun Sannhet og Rettferd. Dette er opphavet til det evige livets sæd, som tilhører dem som når erkjennelse om hvor de kom fra. Dette er den store ubevegelige slekt".

Seth og hans åndelige barn, som kalles sethianerne utgjør slik en åndelig slekt som går gjennom historien som vismenn og innviere, som stadig sørger for at mennesket til enhver tid har tilgang til det forløsende mysteriet, og de etterlater seg lære og historier om livet de levde, som tjener som gnostifiserte eventyr og fortellinger.

Seth ser hvordan herskermaktene forsøker å utrydde de initierte gjennom historien, og for å bistå dem i arbeidet sier tradisjonen videre, gjennom *Den store usynlige åndens bok*: "Seth ba om å få voktere for sin slekt [...] Disse var fulgt av den store Aerosiel og den store Selmechel. De skulle beskytte den ubevegelige ætt, dens mennesker og frukter".

Så langt den mytiske historien.

I den forstand at den sethianske slekten er en linje av overlevert erkjennelse og mysterier gjennom historien, uavhengig av navn og spesifikk praksis, kan man finne spor etter en ubrutt linje eller fragmenter av en ubrutt erfaringspraksis, gjennom Vestens lukkede eller lokale religiøse felleskap, som beskrives videre nedenfor.

Dette underbygges av den romantiske tanken om at tradisjonen aldri døde ut ved etableringen av enhetskristendommen på 300-tallet, da mysterieskolene ble stengt i Romerriket.

Den sethianske blodåren går inn i valentinisme, som for en stund sameksisterer med den gryende katolisismen.

Valentinisme var en blanding av katolsk og initiatorisk kristendom.

Den var katolsk i den forstand at den benyttet dåp og konfirmasjon, dog som grunnlag og forskole for sin tradisjons lære, som var de gnostiske mysteriene.

Kirken var initiatorisk i sin form. Dette vil si at sakramentene ble ansett som trinn i en erkjennelsesprosess. Ved å være initiatorisk ble trolig alle trinn som aspiranten tok i prosessen, vurdert av den initierte og dennes læremester.

Det var trolig de katolske kirkefedrene som benevnte tradisjonen som valentinsk, for å definere den som noe annet enn deres egen praksis. Denne tradisjonens grunnlegger var Valentinus (ca. 100 - ca. 160), som muligens kom fra Egypt.

Valentinus var en av de første systematiske teologene. Hans prosjekt var å forsone den tradisjonen som skulle bli den katolske kirke med den klassiske gnostiske tradisjon, og beslektede tradisjoner.

Dette videreførte valentinianerne ved å bruke den katolske sakramentale formen som farkost for det gnostiske mysteriet. Sakramentene dåp og konfirmasjon var trolig ur-kristne, som beskrevet i *Didache*, med katolsk preg, mens den indre skole bestod av de særegne gnostiske sakramentene som omtales i *Filipsevangeliet* som Forløsning og Brudekammeret.

I denne kirken hadde kvinner og menn lik adgang til å tale og til å vigsles til presteskapet.

Som kirkesamfunn bestod trolig de valentinske indre kretsene av små menigheter, for slik å hegne om mysteriesamfunnets intime karakter.

En viktig korrigering av gnostisismen som valentinianerne gjorde, var å adoptere Platons demiurgforestilling, som er beskrevet i *Timaios*, istedenfor den sethianske demiurgforestillingen. Demiurgen er hos Platon ignorant, men velmenende.

Valentinianerne brukte platonisme og sethianisme sammen med mange av de tekstene som senere skulle bli Det nye testamentet, men de belyser innholdet med sin egen tolkningsnøkkel, og de hadde flere egne tekster som de skrev fortløpende. Blant de mest kjente tekstene er *Sannhetens evangelium* og *Filipsevangeliet*.

Sethianisme og valentinisme utgjør to viktige tradisjoner i gnostisismens første fase. Sethianisme som en religion, en mysterieskole og et magisk system, og valentinisme som foreningen av gnostisisme og pistisisme.

Begge disse formene for formidling av erkjennelsesmysteriet forsvinner etter at katolisismen blir den eneste lovlige religionen i Romerriket, og omtales som en operativ skole for siste gang av den katolske kirken på 600 tallet.

Men ute av syne er ikke ute av sinn.

Den andre dreiningen: Gjenoppdagelse

I middelalderen var manikeerne, katharene og til dels laugsvesenet bærere av gnostiske frø.

Manikeismen ble dannet av Mani (210-276), som trolig fikk sin opplæring i et lite og lukket gnostisk felleskap. Da han forlot denne tradisjonen, tok han med seg dens kjerne og utviklet en religion som spredde seg ut over hele den kjente verden, og som kan kalles en historisk verdensreligion. Dette er da også den eneste verdensreligionen som har gått til grunne. Dette skjedde ved at manikeismens hovedområde også ble islams hovedsete, og til forskjell fra manikeismen hadde ikke islam noe påbud om pasifisme i sin utbredelse. Manikeismen holdt stand i Asia helt frem til 1500-tallet.

Manikeismen hadde likhetstrekk med den sørfranske tolkningen av kristendommen som ble kalt katharismen. Det kan tenkes at det var en overlapping og videreføring av gnostisk tankegods fra manikeismen til katharene, da det er likhetstrekk mellom disse retningene i deres gnostiske fortellinger.

Katharkirken ble ødelagt av indremisjonskorstog som drepte presteskap og troende i tusentall, og slik gjorde slutt på denne impulsen fra midten av 1200-tallet og frem mot ca 1330.

Etter dette overlevde tradisjonen i avleggere, og trolig gjennom laugsvesenet i Skottland (jfr. Ramsays kjente frimurerleksjon, "Oration").

Elementer fra disse små enhetene ble etter middelalderen vevd inn i de gryende initiatoriske ordensselskapene i renessansen og opplysningstiden, slik som ordensfellesskapet som beskrives i Rosenkreuzer-manifestene fra begynnelsen av 1600-tallet. I denne tradisjonen beskrives Seth under navnet Helias Artista. Denne grenen beskrives av Joachim Svela i hans bok med samme navn.

Fra renessansen kommer den hermetiske tradisjonen tilbake til overflaten, og fra begynnelsen av 1600-tallet og til denne dag har mange esoteriske ordner, bevisst og ubevisst, stykkevis og delt, båret den gnostiske arven inn i moderne tid.

Elementer fra valentinsk tradisjon ble tatt inn i høygradsfrimureriet gjennom *Elus Cohen*, manikeisme i det egyptiske frimureriet, og gnostisk forløsningspedagogikk i de ridderlige frimurerordener. Forløsningspedagogikk er læring som har til hensikt å utløse forløsning for den som mottar kunnskapen.

Funnene av de første gnostiske tekstene fra 1700-tallet, og frem til senere funn i Nag Hammadi i 1945, har fungert som en bevisstgjøring om at den gnostiske tradisjonen er en tradisjon i seg selv, slik som også kabbalah og hermetisme er det. Og at den har levd delvis skjult og delvis åpent i Europas åndelige sidegater.

På 1800-tallet gjenoppstod den gnostiske kirketradisjonen i Frankrike, gjennom Jules Doinel (1842-1903), da han proklamerte en ny gnostisk æra i 1890. Dette førte til grunnleggelsen av kirkesamfunnet *Eglise Gnostique*.

Denne kirken hadde sine egne sakramenter og sitt eget presteskap, som baserte sin gjerning på de gnostiske kildene de hadde tilgang til på den tiden.

De som ble tiltrukket av denne kirken var hovedsakelig personer som allerede var tilknyttet ordener som var forbundet med tradisjonen.

Gjennom at den gnostiske tradisjon manifesterte seg i former som minnet om dens opphav, inspirerte den initierte og apostolisk ordinerte biskoper, som igjen førte til at de gnostiske kirkene igjen fikk tilført apostolisk suksesjon, denne gangen fra blant annet Peter, Andreas og Thomas. Formen på disse kirkene ble katolske i sitt symbolspråk, men med et gnostisk innhold.

Grunnen til dette er trolig at deres bakgrunn hovedsakelig var fra den katolske kirken. Dette førte til at mange av disse kirkene assosierte seg med Valentinus, som hadde hatt et liknende prosjekt mange hundre år tidligere.

Kjennetegnet på de fleste av disse gjenoppbygde kirketradisjonene er at de ikke differensierer mellom ulike gnostiske retninger, men lapper sammen alle kildene til en pan-gnostisk struktur, som har mange indre motsetninger i forhold til lære og praksis. Dette fører med seg stor takhøyde, et stort fokus på det sakramentale fellesskapet, og på gnostisismens kjernemysterium.

Disse kirkenes tilnærming er, og har vært, de toneangivende innen tradisjonen, også etter funnene ved Nag Hammadi, som har gitt langt større innsikt i de ulike retningenes fortellinger.

Den andre dreiningen på det gnostiske hjulet avsluttes med etterspillet etter andre verdenskrig, og den kalde krigens avslutning.

I denne perioden etableres en rekke kirkesamfunn som trekker veksel på et mangfold av gnostisk, hermetisk, kabbalistisk og annet materiale. Blant de første og mest typiske eksemplene på slike organisasjoner, ved siden av *Eglise Gnostique*, er *Ecclesia Gnostica* og *Ecclesia Gnostica Apostolica*. Disse organisasjonene behandles ikke videre her, da de ikke inngår i det som her beskrives som restaureringsgnostisisme.

Dette er en periode preget av stadig økende velferd og utvikling i Vesten. Perioden avsluttes med en åpning av samfunnet gjennom økt likestilling mellom kjønnene, ekspanderende kommunikasjonsteknologi, og utfordring av gamle autoritære institusjoner og verdier.

Dette gav mulighet til en ny reformasjon i de gnostiske organisasjonene, en *ad fontes*-reformasjon som førte til restaurert gnostisisme, det vil si tradisjonsspesifikke kirker og organisasjoner.

DEN TREDJE DREININGEN: RESTAURERING

Den tredje dreiningen på det gnostiske hjulet bærer i seg fruktene av det akademiske arbeid som er lagt ned etter funnene ved Nag Hammadi, forent med den livgivende erkjennelsen som kommer fra mysteriets levende kilde, mennesket. Tiden etter den kalde krigen er Vestens kulturelle gjenoppbyggingsperiode. Ideologienes universalisme var brutt ved at verden fikk se hva ureflektert lydighet kunne medføre, som i nazismen og kommunismen. Sekularisering førte til at enheten i religiøs tro og praksis ble brutt opp, og dette ga igjen grobunn for større grad av religiøs fritenkning. Denne perioden har likhetstrekk med hellenismen, men en hellenisme som har mistet sin dyd til postmodernismens meningsløshet eller fragmentering av troen på sannhet.

Denne epoken innen gnostisisme kan sies å være en form for realromantikk. Sethianere står slik overfor en avkledd verden, som er blitt refortryllet på gnostikerens egne premisser.

Man kan bevisst rehabilitere hyggelige klisjeer, som å nyte rødvin foran peisen i selskap med venner, selv om vi vet at opplevelsen av konseptet peiskos og venner er kulturelt tillærte komposisjoner som utgjør et nett av kognitive strukturer i sinnet, som igjen gir premisser for hva som hører til, og hva som ikke hører til i situasjonen.

De som befinner seg innenfor retaureringsparadigmet har en moderne forståelse av erkjennelsens konsekvenser, men benytter de gamle formene og de gamle draktene som farkost for formidling.

Et av disse fellesskapene, som også er sentrum for denne bokens erfaringsmateriale, er *Sodalitas Sanctum Seth* (SSS). Dette er det gnostiske fellesskapet som ligger nærmest den sethianske skolen, slik den kan ha vært i tiden fra ca 300 før til 300 etter vår tidsregning. Grunnen til dette er at SSS fortsatte sin utvikling på tradisjonens grunnmur, og bygget videre i harmoni med tradisjonens presenterte form.

SSS er slik en levende tradisjon som ble bygd på de delene som er kjent av opprinnelig sethiansk materiale, og som har fylt hullene i doktrinen med restaureringer basert på kilder som har vært tilgjengelige gjennom deltakelse i ulike lukkede ordensselskap. Den viktigste kilden er imidlertid den individuelle erkjennelsen, som er systemets liv, som alltid er like aktuell, og som aktualiserer Mysteriet slik at dagens sethianere er like gode kilder som datidens innvidde og læremestere.

For å gi innsikt i denne tradisjonens lære og bruk av den sethianske fortellingen, har denne boken fått tillatelse av SSS til å gjengi én av tradisjonens kilder, som vil være gjenstand for bokens tolkningsnøkler.

Og gjennom restaureringen oppfylles en av den sethianske tradisjonens profetier, som indikeres i *Den store usynlige åndens bok*:

Seth gjemte sin lære på fjellet Charaxio, slik at han kan komme tilbake til sine etterkommere, og sørge for at den forløsende læren ikke forlater verden før tidens ende.

Eleleths bok

Den sethianske fortelling
fra
Sodalitas Sanctum seth

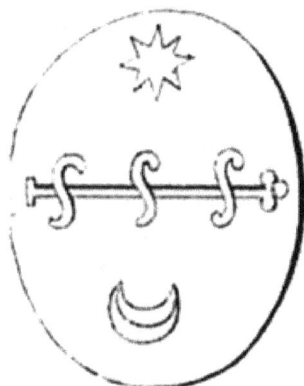

Visjonen i De Fire Lysenes Kapell

En sen kveld da jeg satt ensom og alene i de Fire Lysenes kapell kom den Hellige Ånd over meg, og dekket meg i en gylden sky. Da jeg gav meg hen til den fullkomne henrykkelsen, hørte jeg en praktfull stemme komme mot meg fra alle kanter.

Jeg åpnet sjelens lepper og mitt hjerte spurte ensomheten: Hvem er du?

Og stemmen svarte og sa: Jeg er sant lys, lys som oppløser den himmelske fløyelsnattens mørke, jeg er kraften som trekker sløret til side for dem som lever i de stridende kreftenes rike. Jeg er lys som lyser, som varmer eller fortærer. Jeg er for deg, det du kan erkjenne og fatte i mørkets boliger, men reis deg og se meg med lysmenneskets øyne, og du vil se meg som Eleleth, Fyldens veileder i denne bolig, og du skal erkjenne at du er Seth og Kristus, Faderen og Moderen, udelelig enhet. For slik som jeg er ett med Faderen er du også ett med meg.

Han rakte meg hendene, og den venstre var som dekket av lysende påfuglfjær, og den høyre som duens vinterdrakt.

Han sa så: Vær du uskyldig som duen og listig som slangen, så skal jeg veilede deg og engelen i deg på åpenbaringens stier.

Han sa så: Lyset beveget seg, og Mørket ble til. Søk og du skal finne, for sannheten ligger svøpt i selve løgnens arnested.

Jeg kjente en veldig trang etter frihet, forening og kjærlighet og det uendelige riket, og Lyset sa: Døren er det knuste hjerte og nøkkelen er det forsonede sinn.

Jeg vil lære deg sannheten om ditt opphav og eonenes tilblivelse, men kun om du lytter som et levende menneske kan du høre mine ord, for lyset er for lyset og mørket for mørket.

Med ett ble jeg løst fra min bolig og i lyset erfarte jeg de første ting, selv om mitt legeme aldri beveget seg fra stedet jeg satt.

Opphavet

Opphavets Opphav, en fullkommen fullendt og udelelig enhet. Han er ikke han eller hun, da ingen slike kategorier kan omfatte ham. Han er alle kvaliteter i perfekt forening og harmoni, slik at intet mangler, intet behøves, og intet begjæres. Han er den perfekte hvile som i seg selv kontemplerer sitt vesen i den store stillhet, i lyset som omgir ham, som er det levende vanns kilde. Han er en væren, men ikke et vesen slik vi beskriver et vesen. Han er grenseløs i sin væren for i ham finnes ingen grense, intet senter og ingen utstrekning. Han er som en evighet i en evighet, Det er han som er Gud og Altets Opphav, Den usynlige Ånd som er over alt som er, var og skal komme. Han har ikke del i eonene, heller ikke i tiden. Han eksisterer ikke i noe lavere eller høyere enn seg selv, siden alt er i ham. Allikevel er han forent med dem alle. I seg selv har han ingen navn, for ingen var før ham, og kunne gi ham en betegnelse, slik er han den fullkomne evige ukjente. Han er Gud som uforgjengelighet og rent lys. Han er Den usynlige Ånd, som man ikke må tenke seg som en gud eller som noe lignende. Denne usynlige Ånd eller Væren, er mer enn en gud, da guder kan fattes eller beskrives. Han er liv som fører til liv, han er uendelighet som fyller uendelighet, han er erkjennelse som gir erkjennelse. For den som beskriver Den usynlige Ånd, har i skrivende stund ikke beskrevet ham, så hva kan jeg si om Opphavet? Man kan intet si om hans vesen uten i samme øyeblikk begrense ham og slik lyve og beskrive noe annet enn først intendert. Han er alle eonenes far. I alle former skuer han seg selv ved å se det slik det var fra dets opphav. Han retter sin lidenskap mot lysvannet i seg, som er kilden til Fyldens uendelige liv.

Moderen

Hans bevegelse ble til væren, og Altets forsyn ble til i lysvannet. Hun er alles Moder. Hennes lys er som hans lys. Hun er den feilfrie kraften som er den usynlige, fullkomne, jomfruelige Åndens gjengivelse. Hun er Barbelo, det første vesen i Opphavet, og hun tok del i hans væren. Hun lovpriste Den usynlige Ånd, fordi hun var blitt til ved ham og hans lysvann.

Dette er den første tanke. Hun er alle tings moderskjød, for hun er den første. Hun er Moder-Faderen, det første Menneske, Den Hellige Ånd, den mannlig-kvinnelige og den første som ble til.

Barbelo var ett med Opphavet, selv om de var atskilt, og i deres forening fyltes evighetens stillhet med eoner.

Barbelo bad om fem store eoner, med deres ledsagere, for å fylle sin væren med kvaliteter, og hennes vilje ble til virkelighet i foreningen:

Tanke og Åndelighet

Forutvitenhet og Ettertanke

Uforgjengelighet og Gjenoppstandelse

Evig Liv og Form

Sannhet og Profeti

Dette var Pentaden i Faderens eoner, som er den Hellige Ånds kvaliteter i Stillhetens bolig. De er fem doble krefter, som til sammen er én og ingen. Disse stod frem og priste Barbelo og Den Usynlige Ånd som var kilden til deres opphav, som de tok del i.

Sønnen

Etter dette, Barbelos verk, skuet Den usynlige Ånd inn i Barbelo med lysvannet som omgir ham, og hun unnfanget ved ham et ubeskrivelig og ufattelig Lys. Han var den enbårne sønn av Moder-Faderen. Han er Lysenes Lys, Opphavets enbårne sønn, han som kalles den guddommelige selvoppståtte.

I sin uutsigelige kjærlighet salvet han sin Enbårne med sin kjærlighet til han var fullkommen i dens fylde. Den Enbårne stod foran Faderen, og mens lysvannet flommet over ham, lovpriste Kristus Den usynlige Ånd og Barbelo, hvorved han hadde blitt til. Han bad sitt opphav om å få erkjennelsens gave, og Erkjennelsen ble hans ledsager.

Dette er skapelsen som ble til i stillheten, som er den hellige treenighet, og som kalles dette fordi de i sannhet er én i tre og ikke tre i én.

DE FIRE LYSENE

Erkjennelsen var stor og gav opphav til Viljen og Ordet, og disse utgjorde Sønnens bevegelse og væren.

Gjennom Den Hellige Ånds femfoldige kraft og Kristi erkjennelse, og gjennom hans Vilje og Ord, som taler faderens tause språk, ble de Fire Lysene til.

Det første Lyset er Armozel, og med Harmozel er Charis (Nåde), Aletheia (Sannhet) og Morphe (Form).

Det Andre Lyset er Oriael, og med Oriael er Katabole (Ettertanke), Aisthesis (innsikt) og Mneme (Erindring).

Det Tredje Lyset er Daveithai, og med Daveithai er Dianoia (Forståelse), Philios (Kjærlighet) og Idea (Forestilling).

Det Fjerde Lyset er meg, Eleleth, og med meg er Katartisis (Fullkommenhet), Eirene (Fred) og Sophia (Visdom).

Dette er De Tolv Eoner, som står foran Den Mektiges sønn, Kristus.

De tolv Eoner tilhører Sønnen, den Selvoppståtte. De er alle blitt til gjennom ham, og Den Hellige Ånds vilje.

Hele Plaeroma er i disse Eoner, de er ett med Faderen slik som Sønnen er ett med Faderen. De utgjør en bevegelse og en hvile, en væren uten ende.

MENNESKET

Ved hele Plaeromas vilje, ble det fullkomne Menneske til, som en manifestasjon av alle ledd i tilblivelsens kjede. Barbelo kalte ham Pigera-Adamas og satte hans bevissthet over den første eon, sammen med Kristus ved det første lyset Harmozel. Hans makter var med ham, og han lovpriste hele fylden for sin tilblivelse og sin erkjennelse som var med ham i Kristus og Den Hellige Ånd. Pigera-Adamas satte Kristi bevissthet, Seth, i det andre eon, sammen med Oriael.

I det tredje eon ble Seths avkom satt, de som er de helliges sjeler, sammen med Daveithai.

I det fjerde eon satte han meg, det fjerde Lyset Eleleth, slik at jeg kunne veilede og utvikle Pigera-Adamas' barn i fullbyrdelsen av deres erkjennelses konsekvenser, slik at deres vilje skulle videreføre Fyldens utfylling av altet, og forsikre dens indre enhet med Opphavet. Dette er vesenene som lovpriser den usynlige Ånd med bevegelse.

Eleleth pekte så inn i evighetens boliger, og sa: Alt som ble til ble til i enhet, fylde og harmoni, der enhet og mangfold var det samme. En tilstand som er ufattelig om man ikke har sett det, slik jeg lar deg se det.

Og jeg så, og jeg ble fylt av en ubeskrivelig enhet, som plutselig oppstod som om jeg hadde glemt at den hele tiden hadde vært der. Så ble jeg fylt av sorg over min og alle menneskers tilstand i verden, hvor fjernt denne tilstanden var fra det stedet, selv om det aldri er mer enn et hjertebank borte.

Eleleth grep meg så med sine tofargede hender, og sa: Det jeg har vist deg nå, vil aldri forlate deg, og du vil søke det resten av ditt liv i alt du ser og hører i verden, du vil ikke finne noe hvilested på jorden, men det er også dette som vil forløse deg.

FALLET

Eleleth sa: Sophia som var i min evighet, som er Barbelo i bevegelse og den Hellige Ånd som inspirasjonens og kreativitetens flamme, stod på bredden til Kaos, og fant i seg selv opphav til en bevegelse, som ikke var i overensstemmelse med den bevegelse som var satt i gang fra Fyldens stillhet.

Hun dannet slik et splittet vesen i Gudsbilde. Et ufullkomment verk kom ut fra henne. Hennes bevissthet gjorde en sammentrekning og hun aborterte et tvillingpar inn i tomrommet og de uendelige uskapte mulighetenes Kaos. Tvillingene var sammenvokste, bevegelige og ustabile i form, de var en slange med løvehode. Øynene lignet flammende lyn som blinket.

Sophia vendte seg så bort i skam, og i bevegelsen ble Metanoia, omvendelsen, til. Dette skjedde for alle de som skulle gå vill på grunn av hennes viljes handling. Hun omgav ham med en lyssky og stilte en trone i midten av skyen, for å passivisere og skjule ham, men vesenet lot seg verken skjule eller passivisere, for skyggen av kreativiteten drev det.

På tronen speilet vesenet seg i skyen og det fordervede vesenet så seg selv, det så en trone i tomrommets himmel med en mektig løve med blod om munnen, etter skaden han hadde påført seg, da han knuste sitt hjerte.

I Mørket laget refleksjonen en mørk trone med en veldig slange som buktet seg i ulydighet til sine egne tanker.

Sophia gav løven navnet Yaldabout, og Yaldabout kalte sin refleksjon Nebroel.

Dette er herskermakten, han tok enheten, fylden og evigheten fra sin mor, som var et veldig flytende lys. Han fjernet seg fra Fylden og stillhetens grenser. Han skapte seg en eget eon med en kreativ, men fortærende ild, som finnes til denne dag.

Yaldabout og Nebroel

Den store engelen Yaldabout betraktet den store demonen Nebroel som vi også kaller Aponoia, galskapen, og som er hans levende speilbilde.

Sammen førte de en kopulerende ånd til jorden, og han laget angeliske medhjelpere med sitt eget speilbilde.

Yaldabout hadde imidlertid gjennom Moderen fått preget ubevisste bilder av Fylden inn i sin væren, og sa til den store demonen Nebroel: La oss skape i henhold til vårt begjær, slik at vi kan herske.

Men hans bilder og forståelse var gitt ved hans ubevisste forståelse av Fyldens konstruksjon, gjennom Moderens lys, og gjorde at skapelsen gav hentydninger om Fyldens eksistens.

Og Yaldabout sa: La tolv krefter bli til i de tolv ytre regioner, og la dem legge en sirkel av ild rundt skaperverket. Og de tolv ble til.

Igjen forente de seg, og de skapte syv engler som i sine eoner beveger seg gjennom de tolv og lager vakre, men blinde og meningsløse veier for skapelsens utvikling.

Han sa til de store englene: Dra, og hersk over deres del av himlene.

Og englene dro, og Dyrekretsen ble til, som skjebnens herskere.

Athoth:	Væren
Harmas:	Tyren
Kalila-Oumbri:	Tvillingene
Yabel:	Krepsen
Adonaiou Sabaoth:	Løven
Cain:	Jomfruen
Abel:	Vekten
Abrisene:	Skorpionen
Yobel:	Skytten
Armoupieel:	Steinbukken
Melceir-Adonein:	Vannmannen
Belias:	Fiskene

Han satte syv konger over de syv planetene, hver ble satt slik at de skulle virke i dyrekretsens hus. Herskermaktene forente seg med hverandre og skapte seg egne engler, helt til det ble 365 til sammen.

Den første er Athoth, Månen
Den andre er Eloaio, Merkur
Den tredje er Astafaios, Venus
Den fjerde er Jao, Solen
Den femte er Sabaoth, Mars
Den sjette er Adonin, Jupiter
Den syvende er Sabbateon, Saturn.

De delte sin tosidige ild med dem, Yaldabouts skapende ild og Nebroels fortærende ild, men Yaldabout gav ikke slipp på lyskraften som han hadde tatt fra sin mor, og som i uvitenhet gjorde ham til deres hersker. Da lyset hadde blandet seg med deres forvirring og mørke, fikk det mørket til å skinne som en dunkel, men gylden tåke.
Da hærskarene var skapt, talte Yaldabout til sine ånder: Jeg er en

skinnsyk gud. Du skal ikke ha andre guder enn meg, men ved å proklamere dette, tilkjennegav han for englene og demonene som var med ham, at det måtte finnes andre, og erkjennelsens frø ble plantet i dem alle, for Altets forløsning.

METANOIA

Etter dette oppdaget Sophia at hun befant seg i Mørket, og at hun var blitt forført av forstyrrelsens makter til et omstreifende liv i nedrighet. Hun snudde seg og ba til fylden om at hennes make måtte komme til henne. Den Ukjente steg ned, og gjennom segl og navn førte han henne opp gjennom himmel og helvete.

Og fra eonene tordnet eonenes stemmer ned til herskermaktene: Mennesket og Menneskesønnen finnes.

Sophia kunne allikevel ikke komme tilbake til sin eget eon, men til et sted over Yaldabout, slik at hun skulle bli over ham for i hemmelighet å veilede Yaldabouts skapelse tilbake til livet i henne selv.

Sophia Metanoia, bærer i seg mønsteret for denne tilbaketrekningen i all evighet. Faderen bifalt den veldige Seths store ubevegelige ætt av hellige forløste mennesker, slik at han kunne plante Metanoia i eonene som var blitt til.

Gjennom Sophia Metanoia kunne mangelen igjen bli til fylde.

Sophia Metanoia kom ned til verden, som var som nattens rike. Da hun kom, bad hun for herskernes ætt i eonen, og det som var blitt til ved dem.

MENNESKETS SKAPELSE

Yaldabout og hans engler stirret ned i den skinnende avgrunnens vann, og i refleksjonene så de Mennesket, slik det er i Fyldens sted. Og begjæret reiste seg i dem etter å eie dette vesenet, og Yaldabout sa, la oss lage mennesket i vårt bilde, slik at hans bilde kan bli til et lys for oss. Yaldabout satte alle sine herskermakter til å lage et sjelsvesen i bildet de hadde sett, et vesen av zodiakale og planetære krefter, av engler og demoner, låst sammen i koder, symboler og hemmelige navn.

De sa: La oss kalle ham Adam, slik at hans navn skal være en lanterne for oss.

Mennesket de hadde laget forble imidlertid et livløst bilde.

MENNESKET FORENES MED FYLDEN.

Moderen så dette, og lengtet etter igjen å føre sin lyskraft tilbake til Fylden, slik at den igjen skulle være ett med enheten.

Moderens budbringer sa da til Yaldabout: Blås inn i menneskeskapningens ansikt av din ånd, så vil hans vesen bli vitalt og fylt av liv.

Da blåste Yaldabout sin ånd inn i ham, dette var ånden fra hans mor.

Slik ble Fyldens lys og kilden til enhet blåst inn i menneskevesenet, men mennesket forstod det ikke, for kreftene i ham lå som slør og labyrinter i hans sinn. Vesenet begynte allikevel å røre seg og det strålte i sin enorme, men skjulte kraft, for i ham var hele Fylden gjemt. Samtidig som maktene så dette ble de misunnelige, for menneskeskapningen var deres verk, og de hadde gitt sin kraft til det, men hans fullkommenhet var større enn deres, og større enn førsteherskerens.

Da de så hvilket enestående vesen mennesket var blitt, kastet de det i raseri ned i de mørkere deler av deres skaperverk.

Der lyste menneskets lys i mørket, men mørket fattet det ikke.

I mennesket slumret Fyldens frø, og Moderens og hele Fyldens engler og vesener støttet mennesket.

Da herskermaktene så at mennesket fortsatt strålte og var dem overlegen, tok de ild, luft, vann og jord og smidde det sammen på en naturstridig måte, og laget slik et svakt materielt legeme som et klede eller en beholder for lysmennesket og dets sjel. Og der i mørkets bolig bandt de det sammen i hat og sinne, og fylte ham med materielt begjær og påførte ham tidens begrensning, dødens åk og frykten for det ukjente.

Dette forandret imidlertid ikke menneskets sanne natur, men vanskeliggjorde tilgjengeligheten til dets sanne bevissthet og væren.

Det var Yaldabouts tap av Moderens lys som la grunnlaget for krigen i himmelen, mellom Yaldabouts engler og Nebroels demoner, for Nebroel ville ikke la seg lede av en kraft som ikke var seg selv overlegen. Denne krigen er nå en kamp som utkjempes i det jordiske menneskets sinn, slik som ufrie gladiatorer kjempet til døden for fremmede og usynlige Prinser og Fyrster.

Adam, Eva og Slangen

I de nedre delene av væren, på grensen mellom himlene og helvetene, ligger Verden. I denne sfæren opprettet Yaldabout og herskermaktene Edens hage, som et fengsel for mennesket. Det var et fengsel som skulle oppfylle alle Adams behov, slik at han skulle søke utover, og ikke se innover i seg selv og oppdage sitt opphav og sitt sanne vesen.

Den nytelse de gav ham var imidlertid bittersøt, og skjønnheten var forvillende. Nytelsen var bedrag, deres trær var materialisme, deres frukt var en berusende gift og dens ende, død og forglemmelse.

Livets tre, som de hadde satt i midten av hagen, er i virkeligheten deres livs tre. Roten er sur, grenene er tilintetgjørelse, i dets sevje flyter hatet, og bladene dekker for åndens sol og lager et bedrageriets skyggespill. Fra blomstene kommer sløvende salve, dets frukter er avhengighet, og nedrig begjær er i dets frø, og det spirer i åndelig mørke.

Kunnskapens tre er imidlertid av en annen karakter. Dette treets frukt, er kunnskapen om det gode og det onde, men det er også drømmen og virkelighetens tre, som markerer grensen mellom sannhet og løgn, lys og mørke. Herskermaktene kunne ikke fjerne treet, men de voktet det, og advarte mennesket mot det med trusler om død og straff, for at Adam ikke skulle søke dets frukter og innse sin villfarelses nakenhet.

Herskermaktene ville forsøke å fjerne lyskraften fra Adam, ved å dele ham, og ta et ribben fra hans side. I stedet ble denne delingen til Adams make Eva, som ble den jordiske manifestasjonen av Moderen. De har begge del i samme kraft, og er slik to sider av samme sak, slik som Fylden er hel og udelt.

Da steg Moderens sendebud inn i slangen ved foten av

Kunnskapens tre, og slangen talte med Ordets sannhet, og bød mennesket å spise av frukten og drikke dens nektar, slik at de skulle våkne fra den mørke søvnens dvale.

Kvinnen tok frukten, spiste og drakk, og gav den til mannen, som gjorde like så, og deres øyne åpnet seg og de vendte seg om og så lyset som skinner i mørket.

Eleleth vendte seg så mot fremtiden og sa: Denne handlingen ble videreført av Jesus i innstiftelsen av nattverden, for det slumrende menneske som spiser og drikker av ham, vil komme til seg selv.

Da Yaldabout forstod at mennesket hadde kommet til seg selv, forbannet han Nebroel, for han trodde at slangen var hennes vesen, og han kalte henne Satan, Motstanderen. Og Yaldabout forbannet jorden han hadde skapt med Nebroel, og alt som var på den. Han kastet mennesket ut av Edens hage, og slapp dem ut på jorden, for der å tuktes gjennom strenghet og straff.

KAIN, ABEL OG SETH

Mens de bodde på Jorden kom Nebroel til jorden, og tok for seg av Eva, så hun ble med barn.

Hun fødte da en mørk sønn, som hun kalte Kain. Han var en markens sønn. Han var en vandrer i ødemarken, som kjente alle jordens kunster.

Uten å vite om Kains opphav, steg Yaldabout ned, og tok for seg av Eva, så hun igjen ble med barn, og hun fødte en hvit sønn, Abel. Abel var en lovens mann, han søkte å kontrollere marken gjennom en grensesettende myndighet.

Igjen fikk Kain barn med Nebroels døtre og Abel med Yaldabouts døtre, og de spredde seg over jordens overflate, og forente seg med hverandre.

Da Kain og Abel skulle dyrke lyskraften de hadde i seg fra sin mor, var begge overskygget av forvirrede tanker, Abel av Yaldabouts selvrettferdighet og Kain av Nebroels opprøske ånd.

Kain ofret markens grøde og Abel blod, uten evne til å se at ingen av disse offer gir økt erkjennelse av, eller fortrolighet med fylden.

Yaldabout stod frem som Gud, og så til det blodige offeret, men ikke til markens grøde.

Da ble Kain fylt av Nebroels opprørske ånd, og drepte Abel.

Da Yaldabout så at Abels blod ropte til ham fra marken, ville han straffe Kain med umenneskelige lidelser, men bestemte seg heller for å sette Nebroels merke på Kain og hans slekt, med bestemmelsen om at ingen skulle drepe eller skade ham. Han ville heller at Kains slekt for alltid skulle forbli ensomme vandrere på jorden, som falne engler i en verden uten mening eller lys.

Han bestemte også at Abels etterkommere skulle bli hans utvalgte folk, som han skulle oppdra til å bli sine perfekte undersåtter gjennom hans Lov. Han viste ikke at Abels slekt allerede var blandet med Kains avkom.

Da alt dette var fullbrakt, forente Eva seg med Adam i fullkommenhet, og unnfanget slik Seth.

Seth ble slik foreningen av Faderens og Moderens kvaliteter. Seth var gyllen, og ble et fullkomment menneske i materiens mørke, hans kvinnelige motstykke het Horaia, og han er forent men også atskilt fra enheten, som et bilde av det sanne mennesket. Han fikk gnosis gjennom Adam og hans Metanoia. Som Kristus snakket han til sitt vesen om Fyldens plan om å forløse lyset som var i verdens mennesker. Slik ble Seth fylt av den Hellige Ånd og fullkomment kristifisert.

Han slo om seg vandrernes sorte kappe, som skulle bli slektens kjennetegn, og tilegnet seg Kains og Abels erfaringer og kjennetegn, slik at han kunne få Kains merke og Nebroels støtte, samt å lære seg Abels lov, slik at han kunne høste Yaldabouts gunst. Han tok med seg Fyldens forløsende mysterium ut i verden som en kjærlighetens nådeløse initiator, og sendte ut sin slekt.

For å forsikre seg om sin frigjøring fra de nedre regioner, la Seth om seg sin sorte kappe, og gikk usynlig inn i Edens hage, i en sky av lys gikk han forbi Kjerubenes sverd til Livets tre. Der hentet han et frø som han la i sin døde fars munn, før han ble lagt i jorden. Frøet ble til et tre, og det var fra dette treet materialet til Jesu kors ble laget, slik at Seth igjen skulle bli frigjort fra sin materielle form, for nedstigningens vei er også oppstigningens vei.

DEN STORE SETHS SLEKT

Eleleth viste meg da hvordan Seths slekt virket på jorden. Forent med fylden ba Seth til Opphavet, og spurte Moderen om sin slekts velvære.

Slekten hadde spredd seg ut over jorden for å følge sin fars påbud, og de hadde sitt sete i Sodoma og Gomorra. Dette er opphavet til det evige livets sæd på jorden, som tilhører dem som har erkjennelse om hvor de kom fra. Dette er den store ubevegelige slekt, av dem som gjennom erkjennelse er blitt forvandlet gjennom aktualiseringen av lyset i seg, slik at de ikke lenger er av denne verden, verken av Kain eller Abels slekt, men har oppløst det horisontale speilbildet til Yaldabout og Nebroel, og den vertikale forvrengningen av Plaeroma i denne verden.

Dette er en slekt av hellige menn og kvinner som i hemmelighet forløser verden gjennom list og erkjennelse.

Yaldabout vil ødelegge Seths slekt

Da Yaldabout oppdaget at Seths slekt var blant rikets beboere, og at de forløste dem, og sendte dem tilbake til Fylden, ville han ødelegge menneskeheten for å ødelegge slekten. For å ødelegge Seths sønner og døtre, ble Floden sendt for å markere slutten på en æra, men slekten overlevde.

På grunn av denne slekten, treffer en ildstorm verden, men slekten blir vist nåde gjennom profeter og voktere, som advarer og fører dem til trygghet.

På grunn av denne slekt, vil det komme fristelser og løgner fra falske og forvirrede profeter, som bare de som har våknet til erkjennelsen, kan bekjempe.

Den store Seth så hva Yaldabout gjorde, de mange skikkelser og masker, og renkespillet mot den ubevegelige slekt, og hvordan de svikefulle kreftene og englene fulgte ham, i arbeidet for å avsløre og utrydde hans slekt.

Seth ba om å få voktere for sin slekt, og Moderen sendte Sønnens engler fra de store eonene. Disse var alle ett med Sønnen. De beskytter den ubevegelige slekt til denne dag, med alle dens mennesker og frukter, og skal beskytte den til verdens ende.

Seth som menneskenes Jesus

For å forsterke planens fullbyrdelse, steg den himmelske Seth ned i henhold til Den store usynlige Ånds vilje, av de fire Lysene, og bar med seg de Fem Seglene som er Fyldens nøkler. Han skulle slik gjennom ord og handlinger vise hvordan mennesket skulle frigjøre seg fra herskermaktene, og skulle gjøre sitt liv til en forestilling av dette.

Seth gjennomgikk tre hendelser: fødsel, oppvåkning i mennesket og herskerkreftenes og autoritetenes raseri. Han gjorde dette for å forløse Mennesket som hadde gått vill ved verdens tilblivelse, og for å styrke slekten i deres lære og erkjennelse.

Han gjorde dette gjennom dåpen av et legeme som var unnfanget i verden. En kropp som Seth forberedte for seg selv, på mystisk vis, gjennom en jomfru.

Han kom til jorden som en lærer, men også for at menneskene skulle lære å motta den Hellige Ånd, og vokse gjennom henne.

Han skulle veilede dem gjennom usynlige hemmelige symboler.

Han skulle veilede dem gjennom å oppløse verden uten å bli oppløst selv.

Han skulle veilede dem gjennom sakramenter og seremonier.

Han skulle veilede dem gjennom hengivenhet til de hellige ubevegelige, i Faderens hjerte og veldige lys, som fantes før de ble til i Forsynet.

SETH ETABLERER DÅPEN GJENNOM JESUS

Da Jesus hadde erkjent Seth som sitt sanne vesen, begynte han sitt virke i verden. Han innstiftet den hellige dåp, som overgår Himmelen, gjennom Forsynet. For gjennom Jordans fostervann hadde han steget inn i den Levende Jesus, og formidlet lysets lære til dem som hadde ører og høre med, og han helbredet de døve og forberedte generasjonene gjennom lære og ritualer som skulle være hans arv, til herskermaktenes uvitenhet skulle bistå ham i å kle av seg mennesket som dekket ham.

Han har åpnet en dør som ikke er en dør. Slik har han åpenbart en vei gjennom speilet for dem som sendes inn og ut. Han utstyrer dem med sannhetens og erkjennelsens verge, og med en bevegelig og uovervinnelig kraft.

Seths påbud til sin slekt

Rundt døren høres lyden av himmelsk sang. Og den formidler Seths budskap fra Charaxios høyder:

Jeg er Seth, det første mennesket i Fyldens evighet, jeg er Opphavets bevegelige væren, jeg er Barbelos sønn og den kristifiserte selvskapte, jeg er kronet med de fire Lys og i meg er begynnelsen og slutten, ved meg er livet og lyset og friheten og kjærligheten, som betinger Mysteriets erkjennelse i materiens menneske. Jeg er livets nøkkel og livets far. Gjennom dåp og kristifisering skal jeg vekke deg til Liv. For slik jeg er ett med Faderen er dere også ett med meg.

Ta derfor opp deres kors og følg meg, og gjør mot de sovende mennesker som jeg har gjort mot deg.

Én Gud, ett Menneske, én Væren uten ende.

Amen

VISJONENS ENDE

Da gikk jeg gjennom døren, og etter en stund var jeg igjen i kapellet og han var med meg, og døpte meg med den femfoldige dåp, og viste meg seglene og navnene som åpner Kaos, Universet og Himlenes porter. Dette gjorde han slik at Mysteriet skulle bevares på jorden blant det hemmelige kapellets brødre og søstere, de som er omsluttet av den sorte kappen, og som er sjelens pilegrimer og det sovende menneskets skjulte initiator. Engelen viste meg så et symbol og sa: Dette er helligdommens tegn, for dem som søker den. I den riktige forståelsen av dette møter Metanoia den søkende, ved Mysteriets porter. Til slutt sa Eleleth: Vær vis som slangen og uskyldig som duen i ditt verk, og spar deg ingen bestrebelser, og Forløserens ånd er med deg i alt du gjør. Så forsvant lyset og jeg stod alene i de Fire Lysenes kapell, jeg satte meg da straks for å skrive ned alle ting jeg hadde opplevd. Og etter dette steg jeg opp i Lysmennesket, og startet den gjerning som Seth hadde pålagt oss.

Dette er Amarantus' bok
overlevert av Seth
gjennom den hellige engelen Eleleth.

Heli Heli Machar Machar Seth

De Sethianske tolkningsnøkler

For å kunne forstå den sethianske fortellingens betydning, trenger leseren en tolkningsnøkkel. I dette kapitlet vil noen av disse nøklene bli presentert. De beskrives her i sin psykologisk-religiøse form, selv om de selvsagt også utgjør uendelige makrokosmiske åndelige størrelser. Det finnes imidlertid også andre nøkler, som ikke behandles her. Det er ikke forfatterens intensjon å overforenkle fortellingen, men å gjøre den forståelig. Det er heller ikke forfatterens intensjon å avkle fortellingen, men å peke i retning av Mysteriet, slik at de som vil søke skal finne. Nøklene skal gi et utgangspunkt for å kontemplere fortellingens bakenforliggende betydning.

FADEREN

Opphavet eller Den store usynlige Ånd, er fortellingens uttrykk for den sanne Gud. Gud er på alle måter ubeskrivelig, siden Gud er i alt og intet. Gud er ikke en han eller hun og har ingen personlighet eller navn, så på den måten kan Gud nærmest beskrives som et intelligent Nirvana. Guds utstrekning, fra punktet uten sentrum, er Fylden eller Plaeroma, og alt som er.

Det fokuseres lite på Faderen som vesen, for det er umulig å beskrive en ubeskrivelig væren.

Faderen

Den Hellige Ånd

I sethiansk tradisjon beskrives den Hellige Ånd som en feminin størrelse. Dette må på ingen måter leses som om hun er en kvinnegud eller en gudinne, da gudene og gudinnene tilhører skaperverket, og er uttrykk for Yaldabouts og Nebroels tilskikkelser.

Den Hellige Ånd fremstår i mange ulike skikkelser, siden hennes virkelighet gir ulike former for væren i de eonene som emanerer ut fra henne. Nedenfor presenteres noen av den Hellige Ånds manifestasjoner.

Den Hellige Ånd er, for uten Faderen, den vanskeligste av sethianismens vesener å beskrive, for hun omfatter svært mange funksjoner som har en indre og skjult enhet. Skikkelsene som beskrives her er begrenset til dem som er representert i *Eleleths bok*.

Barbelo:

Barbelo er Guds tanke, og er den høyeste mulige tenkelige eksistens, på grensen mot det ufattelige. Barbelo er nært knyttet til Faderen. Man kan si at hun, som både er feminin og maskulin, er det første uttrykket for Gud som kan fattes. Hun er som evigheten. Det er derfor ikke direkte feil å påstå at Barbelo er sethianismens faktiske Gud.

Det er foreslått flere tolkninger av ordet Barbelo, en av disse er menneskesønn, for hun kan sies å være det sanne Mennesket, som ikke er mennesket slik vi kjenner det. Hun er selvbevissthet uten grenser.

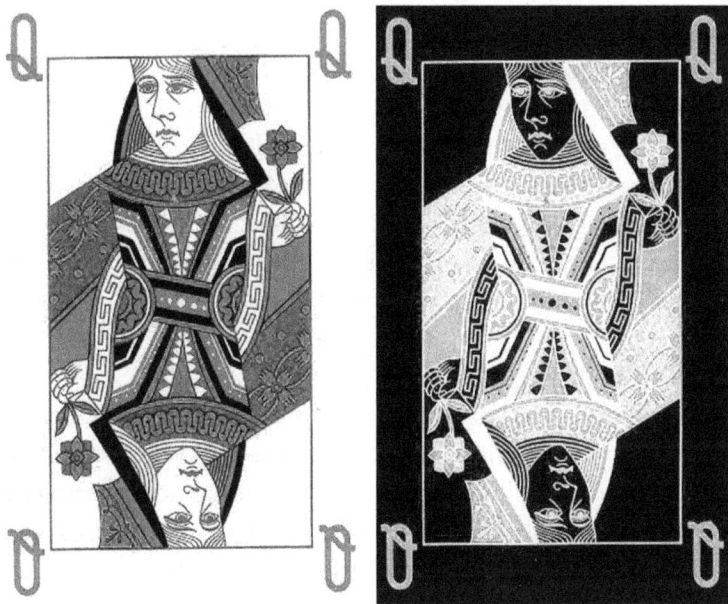

Den Hellige Ånd

Sophia:

Sophia betyr visdom, og et viktig aspekt av henne er inspirasjonen og kreativiteten. Hun representerer også disse kvalitetene i mennesket, og det er gjennom egen inspirasjon, løsrevet fra den store planen, at hun skaper egoet eller Yaldabout.

Det er imidlertid gjennom samme dør man kom inn, at man kommer ut. Sophia fungerer etter sin gjenopprettelse fra bevegelsen som førte til at hun falt, som verdens initiator eller læremester.

Hun står på terskelen mellom Plaeroma og dens vrengebilde. Hun står ved krysningspunktet mellom her og der. Hun er som korsveien, som limbo og ingenmannsland.

Der sørger hun for at mennesket får selverkjennelse og selvinnsikten det trenger for bli fritt, slik at det igjen kan leve et liv i helhet og fylde. Hun er forbindelsen mellom egoet og det høyere eller guddommelige selvet.

Sophia-Prunikos:

Den laveste manifestasjonen av den Hellige Ånd er *Sophia-Prunikos*, som er Sophia som den berusede skjøgen som bare delvis har tilgang til sannheten, og som ikke har noen retning på sin væren, men beveger seg fra overgriper til overgriper i søken etter hva enn hun mener er meningsfullt.

Dette er bildet på det åndelig svaksynte mennesket som ikke har opplevd erkjennelsen av sitt sanne vesen, som er møtet med Metanoia.

Metanoia:

Metanoia er omvendelsen. Hun er en 'eurekabasert' omvendelse. Man kan ikke nærme seg den gnostiske erkjennelsen skrittvis, like lite som man kan nærme seg uendeligheten. Man kan lære bort sethianisme gjennom å forklare og åpenbare skritt for skritt på veien, mens den man i sannhet søker er Metanoia. Hun kommer alltid overraskende, i uventede former eller på uventede tidspunkt.

Kommer hun på et anmeldt besøk, er det ikke Metanoia som kommer.

Tre mulige manifestasjoner:
Arketyper for aspekter av de forskjellige og motstridende bildene av Den Hellige Ånds virke, kan i Seths slekt være Maria Magdalena. Fra Abels slekt Jomfru Maria, og i Kains slekt kan Lilith sies å være den Hellige Ånds skygge, selv om dette i seg selv er et hellig paradoks.

Seth, Kristus og Jesus

"I ham var liv, og livet var menneskenes lys,
og lyset skinner i mørket, men mørket fattet det ikke".
Johannesevangeliet

Sønnen fremstår også i mange skikkelser. Han er Opphavets salvede, den Selvskapte, Seth og Kristus. Alle disse er det samme vesenet, men med forskjellige roller ut fra hvilken funksjon de har i historien, og hvor de opptrer.

Dette kan ses på samme måte som en mann som i verden har ulike roller, som medarbeider, som far, som soldat, som samboer, som leder for borettslaget etc. Han er i alle disse draktene allikevel samme menneske.

Det Sønnens skikkelser har til felles er at de er nært knyttet til en forløsende funksjon, selv før det var noe å forløse. Sønnen er på mange måter muligheten til å oppløse det verk som er kommet ut etter Barbelos tilblivelse.

Grunnen til dette er at gjennom å være en forløser for menneskene, vil han også være en kraft som oppløser verden, som ikke kan bestå uten Lyset fra Fylden. Og dette blir også hans faktiske funksjon etter at demiurgens skapelse har tatt til.

Av personer født på jorden er de to mest fremtredende og kjente manifestasjonene Seth som Adam og Evas sønn, og Jesus fra Nasaret. Ved siden av disse var også Melchizedek, som kalles Zorakatora, men hans funksjon vil ikke bli beskrevet her.

Det er Seth og Jesus som fortellingen i denne boken presenterer. De skal ha levd livet som åpenbaringer av Sønnen på jorden og igangsatt reintegreringsprosessen blant befolkningen her nede. Reintegrasjon betegner lysets integreringsprosess tilbake til Fylden.

Alle Sønnens manifestasjoner har vært initiatorer, i den forstand

Sønnen

at de overførte kunnskap og erkjennelse som skulle videreføres blant jordens mennesker etter at deres menneskelige form var ødelagt. Man kan si at det Sønnen gjorde i sine fysiske tilblivelser var å bedrive åndelig u-hjelp, ved å lære opp noen i åndelig overlevelseskunst, og la disse igjen lære opp andre, med det for øye å skape en bærekraftig utvikling. Ekstra hjelp og forsyninger blir videre flydd inn i form av visjoner, drømmer, innsikter, erkjennelser og direkte veiledning fra Plaeroma.

Jesu' liv er i seg selv ikke det mest sentrale for sethianismen, men hans lære og handlinger utgjør en blanding av menneskets handlinger og Guds handlinger, i og gjennom ham. Kristus, som også kalles Aberamento, kom til verden gjennom Jesu' legeme for å lære bort forløsningens vei, og for å overføre kontakten med den Hellige Ånd.

Mellom Gud og mennesket står korset, som også i sethianismen er et viktig symbol. Kun den som tar opp sitt kors og følger Kristus vil kunne bryte barrieren som holder mennesket innesperret i det materielle univers. Dette skjer gjennom et paradoks, som klokkens trettende time som er døren i himmelen.

Det kreves et våkent øye i lesningen av gnostiske tekster, da man må kunne skille klinten fra hveten, for intet menneske utfører alle sine handlinger i overensstemmelse med sannheten, noe de kanoniske evangelienes forfattere ikke forstod eller ville fremvise, siden de fremstiller hele Jesu liv som Guds liv.

I mennesket er Kristus den forløsende prosessen, eksempelvis det som løser opp uheldige bindinger og tvangsmønstre, og som slik danner grunnlag for en psykologisk ledighet og avspenthet. Sethianeren hviler i seg selv og i sin erkjennelse av den fullkommne Fylden.

MENNESKET

"Og lyserkjennelsen ble gjemt i Adam"
Johannes' hemmelige bok

Mennesket er selve Mysteriets kjerne i sethiansk tradisjon, så vel som i de fleste andre gnostiske retninger. Med hensyn til den sethianske erkjennelsesprosessen, kan mennesket i utgangspunktet behandles som et mikrokosmos eller en speiling av det sanne guddommelige. Dette mikrokosmos innehar alle kvalitetene som beskrives i *Eleleths bok*, for boken beskriver egentlig bare det sanne mennesket.

Menneskets komposisjon:
Det er forholdet mellom mennesket, det guddommelige og den falne verden som er utgangspunktet for teologi og praksis i det sethianske systemet. Herskermaktenes menneske er laget i dette bildet, og har derfor liknende kvaliteter i sin kropp og sjel. Det har gjennom Sophia, som er Barbelo på en lavere bue, fått overført forbindelsen mellom det falne mennesket og det første eller sanne mennesket. Dette er et stort mysterium, som ikke kun krever analysering for å klargjøres, men også fortrolighet med historiens indre liv.

Det materielle mennesket som lever på jorden består av et legeme, en sjel og en ånd. Ånden er Barbelo, det sanne mennesket. Den fysiske kroppen er de fire elementers felles manifestasjon, og fungerer som en klesdrakt, eller tvangstrøye, for det åndelige mennesket, siden det begrenser oss og krever vedvarende stell for ikke å gå i stykker. Dette til tross er denne beholderen dømt til å gå til grunne gjennom tidens ustanselige slitasje på dens materiale.

I denne refleksjonenes verden ser man kroppen og tror at den er

Mennesket

menneskets vesen, uvitende om at det er Lysmennesket som er vår sanne natur. Kroppens vesen har like lite med Lysmennesket å gjøre, som en kopp har med væsken den rommer. Kroppen har ingen utgangsvalør, for den er i et evighetsperspektiv kun en del av menneskehetens glede og lidelse. Sethianere betrakter ofte kroppen som et redskap og som et vesen de har, slik som man kan ha en hund som kjæledyr. Det er viktig å behandle den godt, slik at den ikke lider. Lider den, kan dette bli et ufrivillig fokus. Det er viktig å både dressere og lege kroppen, slik at dens dyriske tilbøyeligheter eller lidelse ikke får ta overhånd. Sist, men ikke minst, er det viktig å belønne kroppen. Hvordan dette gjøres er opp til den enkelte å avgjøre, ut fra egne preferanser. Poenget er i alle tilfeller at kroppen ikke er syndig eller ond. Den er for en følgesvenn å regne, og skal følge det høyere selvets anvisninger. Hvordan man bruker den utover dette er opp til den enkelte.

På det åndelige plan kan også kroppen fortelle ting om skapelsen og herskermaktene og deres natur, slik som kjennskap til arvematerialet kan si noe om ens fysiske forutsetninger.

Sjelen kan sies å være trefningen mellom materie og ånd i mennesket. Fortellingen sier at den er laget av et spinn av arketyper man gjenfinner i astrologien, og som i sin utviklede form har en funksjon som formidler av åndelige innsikter gjennom ord, tanker og bilder inn i den materielle verden.

Sjelen er en struktur som, uten åndens overherredømme, regjeres og plages av herskermakter og demoner.

Sjelen trekkes mellom lovgiveren og den lovløse, og overgis til én av dem, om man hengir seg til disse. Dette vil si at om man hengir seg til en av de demiurgiske religionsformene, vil man inngå en form for forbindelse med et av Yaldabouts aspekter. Man kan også gjennom materialisme eller tilbedelse av naturen eller aspekter av verden lage en tilsvarende forbindelse til Nebroel.

I begge tilfeller kan dette betegnes som et salg av egen mental frihet, i bytte mot et liv i tjeneste til en guddom som har lite å vise til når det kommer til å elske mennesket.

Deltakelse i den åndelige kampen mot sin guds motsats vil fore mennesket med mysterier og mening, og man vil anse sitt ståsted som det gode og det andre som det onde, og slik gi mening til selv de mest meningsløse nederlag som tilkommer en på livets vei.

Det sies at den helbredede sjel er kalken med åndens vin, og at den er det fullkomne menneske som er en fremmed for herskermaktene.

Dette vil si at sjelen både er en del av problemet og en del av løsningen. Sjelen er i følge tradisjonen et svært komplisert organ. Den har gjort at vi har kommet til verden, men den er også verktøyet for å forløse mennesket. Sjelen brukes som en farkost, i oppstigningssakramentet, som består i å stige opp gjennom verdenene og eonene, for å utvide ens erkjennelse av tingenes tilstand og fullbyrde det arbeidet som sethianeren må gjøre.

På den annen side er det også i menneskets sjel at herskermaktenes kosmiske segl befinner seg, og slik utgjør den et åndelig fengsel for Lysmennesket, eller det sanne mennesket.

MENNESKELIGE TYPER

En av de mer kontroversielle sidene av den gnostiske læren om mennesket, er sammenstillingen av menneskelige trekk i tre ulike personlighetstyper. Typene er grove kategorier som skal hjelpe tradisjonsformidleren eller gnostikeren til å avgjøre hvor i det pedagogiske systemet opplæringen eller formidlingen skal starte. Det er ikke ment som et system for å verdievaluere mennesker, men for å sørge for at den som søker tradisjonen skal få tilgang på neste skritt innen sin utviklingssone.

I valentinsk lære er taksonomien lineær og vertikal, og korresponderer som følger i tabellen nedenfor:

Den valentinske modell:

Personlighetstype	Del av mennesket	Adams sønn
Pneumatiker	Ånd	Seth
Psykiker	Sjel	Abel
Hyliker	Legeme	Kain

Grunnen til denne lineære formen, er at valentinismen postulerer at Abel er bedre stilt enn Kain, slik som også demiurgen er bedre enn Satan. Siden ett av valentinismens prosjekter var å forsone gnostisk kristendom med pistisk kristendom, er denne rangeringen et resultat av at gryende nytestamentlig kristendom ble toneangivende på dette punktet i deres teologi.

Pneumatikeren domineres av ånden og forløses ved å leve erkjennelsen av sitt sanne vesen. Han overskrider således det gode og det onde. Dette er sethanismens perspektiv som beskrives nedenfor.

Psykikeren domineres av strukturer, og kampen mellom det gode og det onde. Han opplever fullbyrdelse ved å hengi seg til

Loven, og vil slik følge demiurgens vei og dvele i hans sfære etter jordelivets ende, til fortæringen av alt fortærende har funnet sted, det vil si apokalypsen.

Hylikeren tar del i Nebroels bolig og domineres av det dennesidige og av mangel på respekt for, eller vilje til å følge demiurgens Lov.

Sjelen er imidlertid, som man kan forstå av utlegningen ovenfor, verken ond eller god, men kan være en beholder for begge deler. For det forløste menneske, er den åndens og Lysmenneskets vogn.

Sethianeren er også en åndsakrobat og en overlevelseskunstner, og tar ikke del i strukturer som binder hans frihet til herskermaktenes kognitive feller. Konsekvensen av dette for de tre personlighetstypene er derfor:

Sjelen er for psykikeren, hva ånden er for pneumatikeren, psykikeren anser dem for å være det samme.

En pneumatiker kan ikke synde, da konseptet synd opphører å eksistere i erkjennelsesøyeblikket.

En hyliker synder i alt han gjør, da han ikke innehar sannheten. Han forholder seg heller ikke til den, noe som gjør at han vil kunne bli Yaldabouts ubevisste slave, eller unnslippe hans regime ved systematisk ulydighet, men da stå i fare for å bli fortært av Nebroels nedbrytende kraft. Hylikeren vil i alle tilfeller dikteres av regler eller egne behov, som i beste fall er likegyldige for ens utvikling og i verste fall vil kunne føre til større åndelig gravitasjon.

En psykiker er en som lever i midten, da denne ikke kjenner sannheten, men kun dens refleksjoner, som er det gode og det onde. Psykikeren forsøker å gjøre det gode på tross av at dette også bekrefter det ondes eksistens, som er motvekten til dens handlingsmotiv.

I siste instans handler livet som pneumatiker i stor grad om å leve et våkent og bevisst liv, og være klar over hva som fører til økt åndelig gravitasjonskraft, og hva som binder eller innskrenker handlingsalternativene. I denne delen har det valentinske perspektivet på de tre mennesketypene blitt forklart. Den sethianske tilnærmingen ble fremstilt i *Eleleths bok*, og vil behandles i delen om Kain, Abel og Seth nedenfor.

Avslutningsvis i beskrivelsen av mennesket, skal det sies noen setninger om Lysmennesket, som er det sanne mennesket i mennesket, det vil si Sophias lys. Det er viktig å kunne skille lys fra mørke i seg selv. For å gjøre dette må man ha ervervet seg gnosis, for sethiansk lesning av lys og mørke er ikke som godt og ondt i bibelsk forstand. Sethianeren må kunne identifisere sine kainittiske og abelske sider, for at det sanne mennesket skal komme til syne. Lysmennesket ligger i det kjødelige mennesket, som en rød glo i asken. Det kreves imidlertid at den Hellige Ånd puster mot den, slik at gnisten flammer opp og fyller hele vesenet. Utfordringen til mennesket som har hatt en erkjennelse av metanoia er at Lysmennesket er oppdaget, da det oppleves som en ildflue i en krukke. Den kan bevege seg, men kommer ikke ut. Man kan si at lyset skinner i mørket...

DE VISES BOLIG

"Jeg sender dere ut som sauer blant ulver.
Vær vise som slanger og uskyldige som duer"
Matteus 10.16

Et annet kontroversielt tema innen gnostisisme, er hva katolisismen kaller de helliges samfunn, og som minner om det man i buddhismen kaller bodhisattvaene. Det sies at den som er blitt forløst ved Mysteriet og har avdekket sannheten, kan velge å bli den guddommelige kjærlighetens frivillige slaver.

Gnostisismen har en forestilling om at spesielle læremestere fortsatt er tilgjengelige etter at de har forlatt sin jordiske form. Mest utviklet er den valentinske tilnærmingen som henger tett sammen med tanken om forløsning, som også er sentral innen sethianismen.

Alt som omhandler livet etter døden kan anses som uheldige spekulasjoner siden det er vanskelig å etterprøve slike erfaringer, og de ikke har noen verdi for praktisk og systematisk arbeid med egen eller andres forløsning.

Teorien om de vises bolig er imidlertid som følger: Yaldabout har i sin eon en himmel, slik som pistisk kristendom beskriver Himmelen eller Paradis. Dette er et sted som minner om Edens hage, og som har et drømmeaktig preg. Her lever sjelene til de som har levd i henhold til Yaldabouts Lov, det vil si 'de rettferdiges sjeler', eller de som har fulgt den såkalte kristne moral. Det sies at i denne sfæren finnes også en tilstand som kalles de vises bolig. Dette kan best beskrives som et sted hvor gnostiske sjeler går forkledd som rettferdige sjeler. Dette er klosteret i Edens hage.

De vises bolig er en mellomstasjon for dem som ikke velger full tilbaketrekning til Plaeroma, men som for menneskehetens skyld beholder forbindelsen til den materielle verden. Ved å beholde en psykikersjel, vil de kunne bevege seg på alle plan. Dette er det røde legemet i alkymi. Derfor kan det også kalles de vises steins kollegium og er også i andre tradisjoner blitt kalt den store hvite losjen.

De fullkomne initiertes bolig er i demiurgens (også kalt Håndverkeren) sfære, hvor sjel og ånd fortsatt er forent, og hvor de fortsatt kan bistå dem som er fanget i materien.

Det å hjelpe mennesker med å komme seg ut fra verden, gjør det vanskeligere for den som hjelper å komme ut.

Denne myten kommer inn under mulige trosartikler blant sethianere. Det er også noen som mener at ikke bare Yaldabout har en slik bolig, men også Nebroel, i form av en bolig for de som vil gjemme seg i materien. Denne kalles blant annet Skumringslosjen. Dette tema vil ikke bli ytterligere behandlet her, da det ikke er sentralt for å forstå sethianismens vesen.

FRELSERE, HELGENER OG LÆREMESTRE

I de pistiske kristne retningene, og i andre tilsvarende religioner og trosretninger, betegnes ofte en frelser som en person med overnaturlige evner og som er god mot sine medmennesker. Frelseren åpner døren til himmelriket gjennom å dø for menneskenes synder eller ved å gi dem en forløsende lov.

En helgen eller hellig person betegnes gjerne som en som på mirakuløst vis har fått evner eller på annet vis bevirket mirakler i verden, før eller etter sin død, og som har vært forebilledlig rettroende i forhold til religionens lære.

Læremestere er i slike tradisjoner vanlige mennesker som er godt skolert i læren, og kan formidle denne på rett måte til andre troende.

Innen sethianismen forholder dette seg ganske annerledes. En sethiansk læremester er en vandrende hemmelig dør ut av verdens mentale begrensning.

Den sethianske læremesteren er innen tradisjonen en frelser, som gjennom sin gjerning er en helgen og en *hierofant*, det vil si en som åpenbarer det hellige. Den sethianske læremesteren kan ha formelle elever, som er metoden som erkjennelsen av mysteriet videreføres på.

På den annen side er alle mennesker som er i omgang med en slik lærer også dennes elever uten selv å vite om det. Grunnen til dette er at læremestre i tradisjonen kan anse alle situasjoner som pedagogiske muligheter til å interagere og initiere forløsende prosesser. Dette vil på ingen måte si at det bedrives forkynnelse. Læremesteren er en lærer i den forstand at han kjenner menneskesinnet, den sethianske fortellingen, og har erkjennelsens nøkler. Læremesteren er en mester i den forstand at han kan bruke disse med det for øye å åpne de sovendes øyne gjennom å introdusere dem for erfaringer, opplevelser, fortellinger og nye perspektiver.

Hvordan dette gjøres, er avhengig av mange omstendigheter, men felles for dem alle er at det skjer gjennom Moderens veiledning, som er forsynet og visdommen. Det bør også nevnes at forløsningsprosessen som bevirkes ikke styres av etiske eller kulturelle rammer, da det er hva som behøves som står i sentrum, ikke hva som passer seg. Det er en form for ubarmhjertig kjærlighet, fordi kjærligheten til Mennesket styrer alle handlingene, men det er ikke alltid det som oppleves som godt som er det som trengs i prosessen.

Sethianske frelsere har ikke nødvendigvis overnaturlige evner eller utfører mirakler, da dette er knyttet til Yaldabout og Nebroel. Det er ikke sikkert de fremstår som eksemplariske, da dette er kulturelt betinget. Det er ikke en gang sikkert de gjør verden til et bedre sted, for verden er ikke målet.

De er frelsere i kraft av at de er Plaeromas sendebud, at de formidler det forløsende budskapet til dem som har ører å høre med. Det samme gjelder helgenene, som gjennom sin tilstand av erkjennelse og sin dedikasjon til arbeidet kan love menneskeheten å være tilgjengelige til demiurgens skapelse atter er reintegrert. De kan betraktes som sethianske bodhisattvaer, slik som de beskrives i mahayana-buddhismen.

Det er gjennom sin erkjennelse og sin dedikasjon til arbeidet at de kan betraktes som helgener, ikke gjennom mirakler og gode gjerninger, selv om de ofte tilskrives slike kvaliteter.

Yaldabout og Nebroel

"Etter at verden var etablert, sa Yaldabout til sine engler:
Jeg er en nidkjær gud, og ingenting er blitt til uten ved meg.
Han følte seg sikker på sin natur.
En stemme kalte da fra oven og sa:
Mennesket finnes og Menneskesønnen".
Den store usynlige Åndens bok

Yaldabout er halvskaperen eller demiurgen. Han kalles Herskeren, Arkonten, Jehova, Saklas og Samael. Han er den fremste blant englene som skapte universet.

Det er mulig at navnet Yaldabout er utledet fra navnet til det gamle testamentets gud: Jehova, som Iao El Sabaoth.

I pagane tradisjoner har guder over tid og begrensning, og til dels også krig og erobring, Yaldabouts kvaliteter, noe som gjør at sethianismen mener at Yaldabouts masker er utallige, og at han finnes i alle religioner og tradisjoner.

Yaldabouts tvilling, make og skyggeside er Nebroel som også kalles Aponoia, det vil si galskap.

Nebroel beskrives i bibelhistorien som Satan, og i andre religioner og tradisjoner som skaperens eller lovgiverens motstander. Satan er Yaldabouts skygge. Slik den ene er en lovgiver, politi og dommer, er den andre en ødemarkens vandringsmann, en lovløs og en kriminell i den andres øyne. De er imidlertid avhengige av hverandre, siden de definerer seg selv og hverandre gjennom motsetninger. Et betimelig spørsmål er hvordan man skulle kjenne lys, om man ikke kjente mørke?

De er to sider av samme mynt, og fører en kamp mot hverandre. De er fornuften som kjemper mot følelsene og visa versa.

Sammen utgjør de et knust hjerte, hvor delene har definert seg bort fra hverandre.

Yaldabout og Nebroel

Yaldabout vurderer handlinger etter sin lov, ikke etter handlingenes motiver. Derfor vil en pneumatiker kunne fremstå som en lovløs, eller en lovlydig, eller som en fremmed. Det er derfor viktig for sethianeren å aldri hengi seg i for stor grad til noen av sidene.

Kampen mellom Skaperen og Ødeleggeren er en kamp som fanger menneskets sinn, og som leder det bort fra frie og gode perspektiver, og erkjennelsen av Fylden. For bare gjennom å forene dem, åpner den sethianske døren seg.

Slik som demiurgen utnevnte seg selv som Gud, utnevner også menneskets ego seg selv som vårt vesens høyeste autoritet. Dette gjør at mennesket har vanskelig for å erkjenne noen høyere væren enn sin egen innlærte kulturs uuttalte konformitet, og lysten til å tilfredsstille egne behov. Menneskets ånd blir sinnets samvittighetsfange.

Kampen mellom disse stridende kreftene er en fast faktor i verden, og kan derfor ikke transcenderes på varig basis så lenge mennesket er kledd i det kjødelige legeme.

Yaldabout tolkes gjerne som fornuften og det bevisste sinn, mens Nebroel er følelsene og det irrasjonelle. De er samme vesens dag- og nattside.

Det mennesket imidlertid kan gjøre, og som sethianeren gjør, er å forholde seg til begge og ingen av sidene. For ved å velge alternativ 3, da det kun finnes to alternativer, brytes skapelsens logikk, et paradoks åpner seg, og man lager et tall mellom 1 og 1.0

Sethiansk metode kan ha et surrealistisk tilsnitt som bryter hele betingelsesfundamentet for en dualistisk motsetning.

Sethianeren er derfor i dette perspektivet både Kain og Abel forent og forløst og gjenskapt.

Sethianske initierte er derfor i besittelse av egenskapene fra begge sider og nyter godt av begges frukter. Og ved å være i denne mellomposisjonen av bevisst åndelig fremmedhet, forblir sethianeren også åndelig fri og kan si sammen med Jesus i evangeliene at mitt rike ikke er av denne verden.

Eden og Gehenna

I sethianisme er Edens hage en tilstand. Edens hage er tilstanden av total passivitet og selvtilfredshet. En tilstand som for de færreste kan vedvare mens de er i verden, siden verden vipper mennesket fra den ene siden til den andre gjennom livet. Vedvarende fokus på det ytre er imidlertid av ytterste viktighet for herskermaktene, og dette ivaretas gjennom mengden av ytre stimuli og skiftende interesser gjennom materiell søken.

I de sethianske fortellingene beskrives dette ved at Adam og Eva settes i en hage der de har ubegrenset tilgang til mat, skjønnhet og nytelse, slik at de ikke skulle søke sannheten om sin tilstand eller tilværelse.

Motstykket til denne tilstanden er det infernalske Eden, som blant annet kalles Gehenna, som er stedet utenfor. Dette er områder med sult, krig og fattigdom, som gjør at mennesket ikke vil kunne søke sannheten, da opprettholdelsen av legemet vil stå i fokus, og følgelig en ytre orientering eller en tilbedelse av guder som hevder å kunne bistå med materiell trygghet.

Adam og Eva har forlatt Eden gjennom slangens visdom, og de har også slik vist generasjonene hvordan man forlater denne tilstanden. Problematikken rundt Eden og Gehenna består imidlertid for alltid i verden, da skjevfordeling av ressurser, menneskelig grådighet og overpopulasjon fører til kamp om godene. Rike nasjoner vil kunne avle mennesker som har sinnet i Eden, mens fattige nasjoner føder sine barn inn i Gehenna-bevissthet. Dette er en problematikk som overgår all partipolitikk og alle interesseorganisasjoners program og inngripen.

HIMMELENS OG JORDENS GUDER

"Yaldabout har et mangfold av ansikter, og kan benytte seg av dem alle".
Johannes' hemmelige bok

Et annet og viktig tema i belysningen av Yaldabout og Nebroel er spørsmålet om synet på andre guder og gudinner i monoteistiske og polyteistiske religioner.

Dette er et vanskelig spørsmål, siden det ikke er mulig eller ønskelig å fremsette en regel for dette. Om man allikevel skulle forsøke å si noe generelt, så betrakter sethianeren alle personifiserte guder og gudinner som ulike uttrykk for Yaldabout og Nebroel, eller deres engler og demoner.

Dette betyr ikke at de nødvendigvis er farlige for mennesket. Det som er farlig for mennesket er at det knytter seg til gudene i en tilstand av søvngjengeri.

I følge en sethiansk tilnærming til gudene kan alle guder være gode, dersom man tilnærmer seg dem for å løse opp stivnede former i seg selv. Dette vil si at en intellektuell teoretiker vil kunne ha nytte av å jobbe med arketyper eller guder som representerer hans motstykke, for slik å utfordre sinnet til å løse opp sin selvforståelse, og dermed bli fristilt til igjen å bevege seg mellom motpolene på veien som fører opp i mellom dem.

For gudene kan anses som stivnede uttrykk for den sanne Gud, som fotografier tatt ut av kontekst, der man tenker seg en rekke kvaliteter ved den man ser på bildet, ut fra egen referanseramme. Og ved å beskrive egenskapene ved et vesen, vil man også kunne tenke seg dets motstykke...

Vi gir våre guder navn, form og kvaliteter etter hva vi behøver eller frykter. Det er mennesket som skaper guder i sitt bilde, snarere enn gud som skapte mennesket i sitt. Og alle er de Yaldabouts og Nebroels masker.

Derfor ville hester, om de kunne tenke og tegne som mennesker, beskrive sin gud som en hest.

Det er derfor mer passende å kalle Gud for ingen enn én, og å prise ham i stillhet, snarere enn med ord.

SKJEBNEN

Yaldabout laget herskermakter som skulle sørge for orden og forutsigbarhet i skaperverket. Dette beskrives billedlig gjennom dyrekretsens og planetenes tilblivelse, som gjennom tidene er blitt beskrevet som krefter som påvirker livet på jorden ved å styrke og svekke sin posisjon i forhold til hverandre på stjernehimmelen.

Det er derfor ikke med ubetinget glede at sethianere gjennom tidene har sett opp på den stjernekledte nattehimmelen en skyfri vinternatt. Vel vitende om at livet på jorden består på grunn av en sfære av brennende gass som er flere lysår unna. Og utenfor dette er universets endeløse kulde og et belte av planeter som beveger seg i forhold til hverandre, uten mening, men med matematisk presisjon.

Kunnskap om astrologi, slik den benyttes i divinasjon eller fra et magisk eller arketypisk ståsted, er derfor ikke sjelden en del av sethianerens kunnskaper. Noen former for divinasjon brukes også, for å forstå hvilke påvirkninger og føringer som herskermaktene berører individet med, for slik å forberede motstand eller padle med strømmen.

Hvordan disse kunnskapene anvendes, er avhengig av om tilnærmingen primært er av en religiøs eller en psykologisk karakter.

KAIN, ABEL OG SETH

Kain, Abel og Seth utgjør tre mennesketyper, som man i sethianismen kaller de tre slekter. Dette for å påpeke deres relativt stabile karakter, og for å tydeliggjøre hvordan man kan påvirke deres vesen.

Når det gjelder mennesket som ikke har nådd erkjennelse er det, fra et sethiansk perspektiv, like problematisk både med det kainittiske og det abelske menneske, da ingen av dem innehar gnosis. Samtidig kan det imidlertid være tungt å kultivere en renskåret sethiansk slekt i verden, da dette kan ha uheldige konsekvenser for livsutfoldelsen.

Det viktige, fra tradisjonens ståsted, er at man er av den åndelige sethianske slekten. For som en av tradisjonens forfedre sier, så vil en som ikke har gnosis alltid synde, mens en som har gnosis aldri vil kunne synde.

Dette krever noe mer forklaring:

Lysmennesket er som en slange. Det kan forandre ham, men ikke vesen. Dette vil si at det nye mennesket som har erkjennelse, kan benytte seg av både kainittiske og abelske egenskaper i sin omgang med verden. Sethianerens lov og etiske standarder er indre størrelser som er basert på den levende erkjennelsen, ikke på andres fordringer eller skrevne regler. Det vil imidlertid være hensiktsmessig å følge landets lover, slik at man ikke skal komme i situasjoner der man skader sin egen eller andres utvikling, blir frarøvet sin fysiske frihet og hindrer sine og andres muligheter for forløsning på grunn av sine ugjennomtenkte eller uintelligente valg.

Gjennom å bevege verden uten selv å røre seg, og gjennom å være vise som slanger og uskyldige som duer, kalles sethianerne den ubevegelige slekt og Seths barn.

Kain   *Seth*   *Abel*

Forløsningen

Forløsningen er sethianismens forutsetning for et lykkelig liv, både i verden og for å finne raskeste vei hjem etter legemets død. Forløsningen er nøkkelen til sjelens og sinnets lenker.

I sethiansk tradisjon er forløsningen ikke noe som kommer etter ens jordiske bortgang.

Forløsning er en prosess. Det hele begynner med metanoia eller omvendelse, som her leses som at man opplever at det er noe som ikke stemmer i den skapte verden. Dette kan fortone seg som at forklaringene ikke holder mål, strukturene erkjennes som meningsløse når man analyserer dem, men at man allikevel øyner et *noe* bak speilet. Den samme erfaringen kan eksemplifiseres gjennom filmen *The Matrix* der spørsmålet: "What is the Matrix?", frarøver hovedpersonen all ro. Det er opplevelsen av å ha fått et ubehagelig behov for å klø seg på sjelen, men så innser man at man ikke aner hvordan dette kan gjøres, ei heller at en slik fornemmelse var mulig.

Denne tilstanden består av en prøvende teoretisering over hva denne fornemmelsen kan være eller hva den dreier seg om, det vil si trosteorier. Dette er et springende punkt, der også eksistensiell angst kan ledsage utforskningen. Om man lander for tidlig kan man kjølne i en eller annen form for pistisisme, men om man tåler å stå i usikkerheten til konklusjonen tvinger seg frem, vil også erkjennelsen komme.

Etter dette består erkjennelsen av å forstå forskjellen på gud og Gud, på bildet og vesenet. Deretter kan man forsøke å forstå menneskets sanne virkelighet.

Det man vet og erkjenner er en ukjent Gud bak skaperen, og man fatter hvilken betydning dette har for livet her i materien, hva Kristus gjorde gjennom Jesus, og hva dette kan bety for

Forløsning

individet, om det forstås riktig.

Dette kan gripes an som et forenende arbeide, for gjennom å helbrede sitt eget knuste hjerte, helbreder en også ens egne demiurgiske kvaliteter, for demiurgen er også en side ved mennesket. Man forener Kain og Abel gjennom ens posisjon i dimensjonen mellom dimensjonene.

Slik kan også Yaldabout og Nebroel forløses, gjennom erkjennelse og gjenkjennelse, og forsoning gjennom Lysmenneskets formidling.

Våkne og sovende mennesker vandrer om hverandre i verden. Etter sethiansk definisjon kjennetegnes de våkne ved at de har mottatt eller ervervet seg gnosis. De sovende drømmer i Yaldabouts eller Nebroels virkelighet som former den sovendes drømmeverden eller mareritt.

Det alle har til felles er at de er materielle mennesker, med en sjel, og med opphavets lys i seg, enten som en realisert eller en potensiell faktor.

Formene er de samme for alle. Alle har en kropp, alle har en sjel bestående av et avtrykk av zodiakale og planetære krefter, eller arv og miljø.

Forskjellen som erkjennelsen gir, er at man vekkes fra drømmen. Man ser prosessene og frigjøres derfor fra deres ubevisste innflytelse.

Dette betyr at kropp og sjel fortsatt er de samme, men ved å frigjøre seg fylles ikke lenger sjelens kanaler og åndelige årer med Yaldabouts og Nebroels substanser, men blir tomme før de igjen fylles av lysvannet fra Fylden.

I tradisjonens fortellinger om herskermaktenes og menneskets tilblivelse, fortelles det om en tosidig ild som både er skapende og nedbrytende. Det er disse to kreftene i denne ilden som fyller det sovende menneskets sjel, og som brenner dens former til forherdede strukturer og ufleksible konstruksjoner. Dette gjør mennesket mer og mer ufleksibelt med årene, om man ikke aktivt motarbeider det.

Det skal da også sies at smerten som kommer med å bryte med sitt gamle liv i høy alder, er smerten som kommer fra denne ildens arbeid.

Sjelens form er i seg selv ikke bedervet, for den er laget etter det sanne menneskets form i Fylden, og vil ved de riktige omstendighetene kunne bli det den egentlig er.

Det avgjørende er, billedlig sett, hva sjelens form fylles med.

Ved erkjennelse tømmes som sagt sjelen for den tosidige ildens innflytelse, og sethianeren står tom tilbake. Dette er forløsningens eksistensielle krise. Det er denne tilstanden Johannes av Korset beskriver som "sjelens mørke natt". Her har intet noen verdi, intet er tiltalende eller spennende eller inspirerende, og det åndelige nærværet er borte. Verden fremstår som totalt meningsløs, og man ser hvordan menneskelige og åndelige prosesser interagerer med hverandre.

Det er i dette tomrommet at erkjennelsen ofte oppstår.

Dette fører til at de tømte sjelsstrukturene brått, eller over en periode, på ny fylles. De fylles ikke da av den tosidige herdende ilden, men av Plaeromas lysvann, det hellige ildvannet som er brennende vann og våt ild.

Denne substansen eller dette vannet er den virkelige dåpens funksjon. Dette vannet gjør sjelen igjen fleksibel og fri, og mennesket kan atter bli det sanne mennesket mens det er på jorden.

Lysvannet har også den funksjon at det reflekterer verdens projeksjoner, samt at det lyser som en ild.

Det er dette som gjør at sethianeren oppleves av både Yaldabout og Nebroel som sin egen. Det de ser er sin egen ild i refleksjonene og i det fullkomne lyset bakenfor, som gjør at sethianeren kan oppleves som deres perfekte allierte. Dette setter sethianeren i den underlige posisjonen av å være velsignet av både himmelen og helvetet, mens han i virkeligheten ikke tilhører noen av dem. Det er åndens interaksjon med fornuft og følelser. Dette er ildens og lysvannets mysterier på jorden og i menneskets sjel. Et mysterium med mange konsekvenser og mange svar for den som går inn for å søke dem.

Sethianeren er dermed så forløst som verden tillater, gjennom erkjennelsen og gjennom å ha fått sjelen fylt av lysvann. Kroppen vil videre bestå som en utfordring gjennom sin nytelse og lidelse, men den har også i seg biter av kartet og ledetrådene for hvordan man videre skal søke fullbyrdelse.

Gjennom å lese den sethianske fortelling og forsøke å forstå hvilken betydning elementene har i menneskets sinn, gjennom nøklene som er gitt ovenfor, vil man kunne fatte noe av den virkelighet som den forsøker å formidle. Om man også blander sitt eget liv inn i denne tolkningen vil man ikke bare se inn gjennom det gnostiske vindu, men oppdage at man befinner seg på innsiden.

Overordnede tilnærminger

Filosofisk-psykologisk sethianisme

Carl Gustav Jung (1875-1961) var den første til å koble gnostisisme med datidens psykologi. Han var selv svært opptatt av åndelig alkymi, og mente at psykologien kunne anses som en moderne videreutvikling av denne. Jung skrev selv et gnostisk verk, som heter *Septem Sermones ad Muertos* (Syv prekener til de døde), og betegnes av enkelte gnostikere i vår tid, som en moderne gnostisk teolog.

Sethianisme og øvrig gnostisisme beskrives best som en form for frigjøringspsykologi eller eksistensiell frigjøringsfilosofi sett fra et ikke-religiøst ståsted.

Denne moderne koblingen mellom gnostisisme og psykologi har vært hensiktsmessig for å gi gode og beskrivende begreper til tolkningen av prosessene. Konsepter fra Jung og Sigmund Freud, psykoanalysens far, brukes ofte.

Den sethianske fortellingen er fra dette perspektivet en fortelling om forholdet mellom sider ved sinnet, som fører til spenninger og sykelige eller begrensende tilstander.

Plaeroma eller Fylden kan fremstå som et bilde på det overbevisste, som er menneskehetens arketypiske fellesbevissthet, eller det friske og avspente sinnet.

Yaldabout representerer egoet og Nebroel underbevisstheten, følelsene og driftene.

Gjennom å ta i bruk nyere moderne psykologi, kan Yaldabout og hans herskermakter sies å utgjøre sinnets nettverk av kognitive skjemaer. Det vil si all forståelse vi har av våre omgivelser, og hvilken type atferd som hører sammen med hvilke situasjoner. Nebroel utfordrer dem og bryter dem ned.

Dette betyr at Yaldabout ikke kan anses som et rent onde, men er heller den strukturen som både gir knagger å henge erfaringer på, og som begrenser oss ved å erklære hva som kulturelt ligger utenfor passende atferd. Samvittigheten er slik en viktig herskermakt, som fungerer som portvakt ved skillet mellom kulturer og religioners forståelse av rett og galt.

Yaldabouts herskermakter er mer eller mindre rigide kognitive skjemaer. Ved at de over tid kan bli omdannet til ubevisste vaner som henger sammen med en rekke andre skjemaer, blir de gradvis vanskeligere å forandre. De blir slik til størknede former som utgjør trekk ved personligheten. Herskermaktene sørger for sin selvoppretholdelse gjennom å indusere frykt ved overtredelse av de grensene som er etablert.

Frykten, og særlig frykten for det ukjente, er herskermaktenes beste våpen. Ved siden av å lukke sinnet lukker det også samfunnet, ved kontrollerende og overvåkende tiltak, som igjen også fører til at mennesket innser at frykten var berettiget siden kontrollen legitimeres ved oppmerksomhet rundt muligheten for realiserte trusler. En sirkelargumentasjon som leter etter bekreftende elementer å mate sinnet med.

Frykten for det ukjente konserveres ved skammen over å være irrasjonell i en rasjonell verden.

Sethiansk tilnærming til verden og sinnet er en holdning og en væremåte som til stadighet utfordrer skjemaenes eksistensberettigelse. Gjennom en systematisk utforskende og nysgjerrig holdning, og en skepsis til autoriteter og til selvfølgeligheter, forblir sethianerens sinn smidig. Som metode kan det kalles personlighetsakrobatikk, på grunn av det store fokuset på evnen til omstillingsdyktighet i verden. Denne nødvendige fleksibiliteten, har også implikasjoner for arbeidslivet, og at bedrifter i utvikling, med vekt på handlingsrom og selvledelse, kan ha miljø for sethiansk vekst innenfor arbeidsdagens struktur. Dette emnet blir ikke behandlet videre, da det kunne omfatte en avhandling i seg selv, men nevnes som innledning til leserens egen kontemplasjon.

Religiøs sethianisme

I den religiøse tilnærmingen til tradisjonen, er samspillet mellom de psykologiske prosessene i mennesket og de åndelige dimensjonene viktige. Sentralt står også bruk av seremonier og sakramenter, som vil bli beskrevet i kapittelet om den sethianske fortellingens sakramentale konsekvenser.

Mennesket er utgangspunktet for alle religiøse sethianske undersøkelser, for gjennom å kjenne seg selv fullt ut vil også sethianeren kunne nøste seg tilbake til Mysteriets opphav og innhold, så vel som opphavets natur. Man kan med rette si at dette er en underlig form for tilnærming til religion, og det er sant. Det er en form for eksperimentell religion, der prosessen er absolutt nødvendig for å forstå målet riktig. Om resultatet oppgis, vil det ikke kunne oppleves som sant. Resultatet er sant i kraft av veien dit. På denne veien er det utviklet seremonier som fungerer som varder, slik at man kan følge lyspunktene i horisonten på veien hjem. I mellom disse stasjonerte lysene må den initierte selv skape lys til sitt eget materielle liv, gjennom samvær med andre og gjennom å hente frem sitt eget indre lysmenneske.

Den religiøse sethianer er en åndelig vandringsmann, som bevisst bruker vandringen som metode, til tross for at han ikke skal noe sted, for alt er til stede i mennesket selv.

For å forstå religiøs sethianisme må man forstå psykologisk sethianisme, som sammen med bruken av sakramenter danner redskap for åndelig frigjøring.

TOLKNINGSKONSEKVENSER

"Ilden- det flammende helvete av flytende metall og flytende mineraler under oss-,
og det dødsens kolde, tomme, døde rom med sine 273, i kuldegrader over oss: altså
vårt liv på denne uendelig vakre, frodige og grønne, fuktige paradisets have på en
tynn, tynn skorpe av temperert jord, den saftige salighet av fruktbarhet og grøde vi
lever på, - og den permanente heksejakt som har pågått uavlatelig.
Altså med spørsmålene: er dette matematiske, pedantiske, mikrokosmiske
urmakerverksted av tidstabeller og nødvendighet, all denne forferdelige nøyaktighet
i det døde kolde rom, - ér den det galehus som det må være, hvis det ingen mening
har? Dette idiotiske, absurde og fremfor alt totalt meningsløse, ufattelig store univers,
hvis det er uten mening, da bør det opphøre å eksistere."

Kruttårnet av Jens Bjørneboe

Det er opp til den enkelte sethianer å trekke konsekvenser og
instruksjoner ut av de sethianske fortellingene. For jo mer
man utforsker mennesket, skapelsen og Mysteriet, jo bedre
kan sethianismen finslipes til å bli nøkkelen til ens personlige
mentale fengsel.

Delene i dette kapitlet er generelle refleksjoner over konsekvenser
som tradisjonens mestre og initierte har kommet frem til i sitt
arbeide med fortellingene.

VERDEN

Verden er, i følge den sethianske tradisjonen, den laveste delen av materiell fortetning. Den er laget av de fire elementene: ild, luft, vann og jord. Hvert av disse inngår i ulike forbindelser med hverandre, slik at alt som finnes i denne verden grovt sett kan sies å tilhøre ett av elementene eller sammenføringen av flere av dem. Elementene har, som hele demiurgens skapelse, sine indre spenninger og motsetninger: ild mot vann og luft mot jord. Det er de åndelige og psykologiske sidene av elementene som sethianere er mest opptatt av. Ild som energi, sinne og begjær, vann som følelser og melankoli, luft som det mentale, og jord som blandingen av de øvrige, eller eksempelvis nøysomhet, rigiditet og standhaftighet.

Verden er også bosted for åndelige vesener, som påvirker mennesket på ulike måter. En gruppe av disse er Nebroels demoner, som har nytte av dette stedet, siden det er en slags buffersone eller et ingenmannsland mellom utemmet kaos og Yaldabouts såkalte orden.

Demonene kan være hjelpsomme mot mennesker som søker dennesidige mål, da menneskets materielle søken og bruk av verdens goder er med på å bevare den materielle drømmen intakt. Det er like uklokt å gjøre avtaler med disse som det er med Yaldabouts engler, da disse har sin egen agenda som er å oppbevare mennesket i sin forvaringsanstalt.

Yaldabout og Nebroel laget verden av drømmer og begjær, og Yaldabout styrer den med åndelige og fysiske lover, som gir mening på samme måte som hendelsene i en drøm også gir mening for den som drømmer.

Drømmen tatt i betraktning, fremstår verden som tredelt:

Kopiens verden, som Yaldabout så i vannene og som er den falske fylden eller himmelen, som er Yaldabouts paradisiske hage.

Mørket er utkanten av det kaos som Yaldabout skapte verden i, og er det sted som Nebroel ble forvist til. Dette er underbevissthetens fortrengte fantasier, angst og forbudte drømmer.

Den materielle verden, som er en størknet manifestasjon av Yaldabouts skaperverk, grenser til høyre mot Yaldabouts himmel eller Paradis, og til venstre mot Nebroels Helvete, og utgjør slik et arr der de to motsetningene møtes.

I mellom disse ytterkantene, eller rettere sagt som bakteppet for dem, er sannheten og Plaeroma, som ikke har noe sentrum og hvis omkrets er alle steder, også i verdens lys og mørke.

Verden har derfor i seg selv ingen mening. Man kan imidlertid bestemme seg for å legge mening i aktiviteter man tar del i. Det er eksempelvis vanlig at man legger mening i mellommenneskelige relasjoner og i yrket sitt, men denne meningen består kun av kulturelle faktorer og følelser. Det er i alle tilfeller viktig å legge mening i sitt verdslige liv, da det motsatte ville føre til depresjon, angst og andre lidelser.

Meningen er bare å finne i forståelsen av det som gjemmer seg bak begrepet gnosis, og da, da vil alt gi mening.

Moral

Materiens herskermakter forvirrer mennesket gjennom kropp og sinn, gjennom begjær, sorg, frykt og andre ubalanserte følelser. Disse fører igjen til at mennesket produserer misunnelse, angst, forfengelighet, sinne, bitterhet, redsel, underdanighet og andre forstyrrende sinnsstemninger. Det er disse, og en ureflektert dyrkning av ens lavere begjær og dets utfoldelse, som leder oppmerksomheten bort fra målet.

Sethiansk moral utledes fra hva som binder individet til verden og hva som frigjør det.

Dette vil si at man gjerne kan bygge seg et vellykket verdslig liv, men at man ikke må binde seg til det. Dette vil si at man ikke skal eie så mye at man blir eid av det man eier. Man skal la fortiden være fortid og ikke fortape seg i det forgangne, og man skal ikke begjære noe eller noen i verden så høyt at man ikke er villig til å unnvære det eller dem.

Da dette er sagt er verden hva sethianeren selv gjør den til, og den kan være et spennende sted for den som ikke lar seg underkue og trellbinde av sorgene og gledene som påføres alle mennesker som kommer inn i verden.

Om synd eller hinder

I sethianismen er mennesket født skyldfritt, og befinner seg i en verden der det i utgangspunktet er kastet ut i en eksistensiell improvisasjonssituasjon. Man kan følgelig ikke klandre det skapte for skapelsens feil og mangler. Det ville være en ren logisk slutningsfeil.

Sethianismen har med andre ord ikke samme syn på synd som den pistiske kristendommen, og på grunn av syndsbegrepets konnotasjoner, brukes det sjelden eller aldri. Synd omtales heller som hinder som begrenser mennesket fra å oppleve og erkjenne sannheten, eller som leder begjæret mot andre timelige mål, snarere enn å søke Mysteriet, eller etterleve og utdype det som er blitt erkjent.

Mennesket opplever daglig situasjoner der det må ta valg, og det er ikke alltid man kan velge det alternativet som gir minst mulig åndelig friksjon, og det er heller ikke nødvendig. Man vil alltid måtte inngå kompromisser i handling. Det viktige er å aldri inngå kompromiss i sinnet, slik at man laget vaner som tilslører ens erkjennelse.

Hinderets natur er å omforme sannheten og dens konsekvenser i henhold til ens lavere behov, slik at bekvemmelighet kommer foran ens sanne vesens blomstring.

Verken kroppen eller sinnet er syndig. Nebroel eier ikke kroppen, selv om materien og underbevisstheten er hennes naturlige habitat, slik som Yaldabouts naturlige habitat er sinnet og da særlig vanene og samvittigheten. Gjennom den frie viljen og erkjennelsen er det opp til den enkelte å avgjøre hvor stor og hvilken plass Yaldabout og Nebroel skal få i sitt eget vesen.

LIVET ETTER DØDEN, OG VERDENS ENDE

De mest fåfengte spekulasjonene i gnostisisme eller religion i sin helhet, er de mange teoriene om hva som skjer med mennesket etter den legemlige døden og hva som vil hende ved tidens ende. Det er stor forskjell på hvordan ulike gnostiske retninger forstår dette, eller om de sier noe om det i det hele tatt.

Tidligere ble noe av innholdet i myten om de vises bolig og skumringslosjen kort oppsummert. Dette emnet vil ikke bli utdypet videre her. Vi vil imidlertid forsøke å si noe om de mest toneangivende ideene innen den sethianske tradisjonen om livet etter døden.

De som har erkjennelse om sitt sanne opphav, og som har latt denne sannheten gjennomstrømme seg, vil ved jordelivets slutt atter erkjenne alle tings indre enhet. Den enhet som alltid har eksistert bak verdens slør og skygger.

Tradisjonen forteller at alle vil kunne reintegreres i Plaeroma. De vise vil bevege seg mellom verdenene og bidra i denne prosessen. Pneumatikerens sjel vil brenne opp når den forlater herskermaktenes sfære og de vises bolig, og den vil tre inn i Fylden.

Noen vil nå erkjennelse i løpet av ett liv, andre vil oppleve reinkarnasjon der de taktfast beveger seg mellom verden og Yaldabouts såkalte paradis.

Det er denne sykliske prosessen som fortsetter til tidens ende. Det vil si at individualiteten til de uvillige, de som ikke vil bli reintegrert da tiden er omme, vil bli tilintetgjort sammen med de engler og demoner som ikke vil tilbake til Fylden.

Psykikeren og hylikeren vil forløses gjennom Yaldabouts selverkjennelse og forløsning, da han igjen forenes med Nebroel i én utfyllende enhet som vil forløse den materielle, sjelelige og den mentale verden og alt som er fanget i den. Kain og Abels sønner og døtre vil også forenes ved tiden ende, og i foreningen med sitt åndelige motstykke vil de nå erkjennelse og forløsning. De siste som forløses fra sine plager er de som har forrådt den Hellige Ånd, og vendt seg bort fra Fylden og sin egen erkjennelse, for frivillig å vende tilbake til verden og kaoset bortenfor. Disse vil forløses sist, eller forgå med formenes oppløsning.

På denne måten kan man si at sethianismen har et positivt syn på livet etter døden og verdens ende, siden alle som søker vil få sin belønning til slutt. Det er kun et spørsmål om nytelse og lidelse, om hvordan man kommer dit. Det har også viktige implikasjoner for hvor mye man får ut av livet eller livene sine i verden, om man tar til takke med å leve det standardiserte livet man får tildelt i sin mentale celle, eller om man vil søke de fantastiske opplevelsene som følger av de uendelige mulighetene som ligger i menneskets fulle realisering.

Metodiske konsekvenser

Den sethianske tradisjonen er, ved siden av å være en livsanskuelse og en holdning til væren og verden, også en sakramental tradisjon. Sakramentene er, som nevnt i avsnittet om religiøs sethianisme, til for å initiere og utdype individets forhold til Mysteriet og forståelsen av dets konsekvenser.

Sakramentene er ikke forutsetninger for å tilegne seg gnosis eller fatte det forløsende Mysteriet. Det er i utgangspunktet like mange veier til forløsningen som det er mennesker som har nådd den. Sakramentene er den sethianske skolens verktøy for å bistå sine initierte på deres vei mot fullbyrdelse.

Tradisjonen tar alltid utgangspunkt i den enkeltes ståsted, og hva denne har med seg av erfaringer så langt i livet, da det er funksjonen til tradisjonens mestre eller initiatorer å igangsette individets forståelse gjennom tidligere erfaringer og tradisjonens lære og sakramenter. Dette er en metode som har en felles grunntone med de vestlige ordenssamfunnene.

De fire sakramentene som benyttes er dåp, den lavere og den høyere oppstigningen og nattverd.

Dåp og den lavere og den høyere oppstigningen er utviklende og prosessuelle sakramenter, mens nattverden gir et helhetlig bilde av hele prosessen og stabiliserer den.

Dette kan illustreres i følgende skjema, der nattverden i sin helhet omfavner hele prosessen:

Den høyere oppstigningen	Nattverden
De fem seglenes dåp (det femte segl)	Nattverden
Den lavere oppstigningen	Nattverden
De fem seglenes dåp (de fire første seglene)	Nattverden

DE FEM SEGLENES DÅP

De fem seglenes dåp er en gjenreisning av mennesket gjennom åpningen av de fem segl i dets sjel. Dette bistår frigjøringen av kvalitetene i menneskets vesen; noe som gjør det mulig å erkjenne og se forbi demiurgens skaperverk og erfare sin relasjon til Fylden.

Sakramentet består av fem separate deler med hver sin karakteristiske dåpshandling, som har likhetstrekk med seremonien som beskrives i siste del av *Den store Usynlige Åndens bok*. Seremonien inneholder også påkallelser, renselser, salvinger og formidling av segl og symboler, i tillegg til selve dåpshandlingen.

Oppstigningen

Den Lavere oppstigningen:
Prosessen som begynte i dåpen, fortsetter med å gi den initierte metoder for å stige opp gjennom Yaldabouts himler, for å utforske og lære om verdens komposisjon og mekanismer.
For å kunne gjennomføre en slik oppstigning, tar hierofanten den initierte med på den første oppstigningen, og viser ham hvilke navn og symboler som åpner himlenes forseglede hvelv.
Etter dette er det opp til den initierte selv å foreta fremtidige reiser.

Den høyere oppstigningen:
Den høyere oppstigningen krever en omfattende frigjøring av lysmennesket. Her innvies sethianeren i hvordan man kan stige inn i Plaeroma, for å bli født på ny der, og slik fullbyrde det ene Mysterium, og bli et levende beger for Mysteriet på jorden.
Denne oppstigningen foregår ved at mesteren veileder den initierte i å finne seglene til sin egen fødsel. Han åpenbarer nøkkelen til eonenes tilblivelse og liv, og hvordan menneskets forhold til disse er, og hvordan man parallelt kan leve her og der gjennom å forene dem i mennesket.

NATTVERDEN

Nattverden gjøres som en imitasjon av Kristi siste måltid. Den følger anmodningen han gav til sine etterkommere om å gjøre dette til minne om seg selv.

Det tradisjonen minnes er ikke det at de spiste sammen, men den hellig operasjonen Kristus utførte, der han viste sine initierte hvordan de seremonielt skulle arbeide med sin egen kristifisering.

Gjennom å spise og drikke en seremonielt tilberedt Lysmenneske-tablett påvirkes, i følge tradisjonen, gradvis hele menneskets mentale struktur, slik at forløsningen forberedes og senere pleies og vedlikeholdes.

Nattverden er således et sakrament som det er meningen at de initierte skal ta del i på fast basis, og er ofte hjørnesteinen i sethiansk praksis for de som har lang fartstid i tradisjonen. Sethianismen har et eget nattverdsrituale, men tar også like gjerne del i andre gnostiske kirkers nattverd.

DRØMMEARBEID

Foruten sakramentene er drømmearbeid det viktigste verktøyet i utfoldelsen av Mysteriets betydning. For veien til utdypning av ens erkjennelse, ligger i å åpne underbevissthetens porter. Drømming kan foregå som del av søvnperioder, eller ved at den trenede initierte selv setter seg i en tilstand av våken drøm.

I mottakelsen av sakramentene mottar sethianeren symboler som brukes for å lukke opp underbevissthetens forseglede irrganger. Utfordringen i drømmearbeidet er å avgjøre hvilket symbol som hører til hvilken dør, og hva en dør er i underbevissthetens kaotiske landskap.

Drømmearbeidet er også et medium for å utforske eonene, gjennom å slippe kroppen og reise gjennom sfærene som Lysmennesket.

Dette arbeidet utføres av dem som har mottatt erkjennelsen om Mysteriet og skal begynne på realiseringen av det. Temaet egner seg derfor ikke for videre utdypning i denne boken som skal fungere som en introduksjon.

Sethianisme og seremoniell magi

Sethianisme bruker også andre metoder for å bevirke forløsningen.

Blant de mest kjente andre metodene er bruk av magi. Magi kan enkelt defineres som å gjøre forandringer i henhold til viljen. Dette vil si at alle sanne viljeshandlinger er magiske handlinger, men det er i særdeleshet de metafysiske som skal omtales her.

Den magiske praksis som særlig brukes blant sethianere kalles *theurgi*, det vil si gudearbeid. Dette kan bestå av et vell av metoder, som har det til felles at de har til hensikt å guddommeliggjøre mennesket. Særlig kjente metoder er ritualer som skal balansere eller utligne zodiakens eller planetenes påvirkning på menneskets liv, det vil si å bryte fri fra skjebnen.

Sethianeren ser på verden som en kompleks og solid drøm, som kan sammenliknes med et dataprogram. Magiske seremonier er på denne måten små programmer (eller datavirus), som kjøres inn i hovedprogrammet og påvirker dette.

Det kan hevdes at sethianerens seremonielle praksis er å sammenlikne med en hackers inngripen i et datasystem.

Apatheia som metode

"Bli forbipasserende".

Thomasevangeliet

For å leve i verden uten at verden skal eie en, kan man heller ikke begjære å eie noe, man må ha en form for distanse, som i sethianismen kalles *apatheia*.

Dette kan dermed høres ut som om at sethianismen forfekter fattigdomsløftet eller forsakelsens vei, men dette er ikke tilfelle.

Man kan eie så mye man vil. Man kan være involvert i utallige relasjoner, men man må ikke klamre seg til noe eller noen. I denne tradisjonen kommer ordene: 'Herren gav og Herren tok, Herrens navn være lovet', på sin plass.

I denne verden kan vi ikke være sikre på noe. Vi vet ikke hvor lenge vi selv eller våre kjære vil leve. Man vet ikke om man vil ha helsen med seg, eller om ens materielle velferd vil bestå.

Dette vil si at tommelfingerreglen for all omgang med verden er at man ikke må legge noen tillit til verden eller til dens relasjoner eller innhold, for alt er i forandring, alt unntatt Mysteriet.

Om man er usikker på om man er blitt for avhengig av noe, bør man prøve å leve uten det i en periode, eller kvitte seg med det.

Det kan være et interessant eksperiment å knuse en gjenstand som har stor affeksjonsverdi, for å kjenne hvilke følelser dette gir.

Om man tar til seg tommelfingerreglen om å unngå å legge tillit til verden som grunnholdning uten at det blir en patologisk unnskyldning for å unngå gode og dype relasjoner til mennesker, vil dette kunne gi den avspenningen som er nødvendig for å kultivere sin forløsningsprosess. Man vil også kunne glede seg over små og store hendelser i livet, og i større grad forholde seg til nået, istedenfor å fortape seg i gode minner, som kun er fortid, eller se frem mot håpene for fremtiden som enda ikke er skjedd. Carpe diem.

INSTITUSJONELLE KONSEKVENSER

Det finnes i skrivende stund kun én, for forfatteren, kjent sethiansk skole, som ikke blander sethianisme med andre gnostiske retninger eller med andre mysterieskoler. Dette er *Sodalitas Sanctum Seth* (SSS), og bokens forsideillustrasjon er et utsnitt lånt fra denne skolens offisielle segl.

*Sodalitas Sanctum Seth*s offisielle segl

Sakramentene kan formidles i og utenfor rammen av en organisasjon, men vil i alle tilfeller fordre en læremester. For de som ønsker å vite mer om SSS, finnes det i appendikset utdrag av et intervju gjort med en tradisjonsformidler i SSS.

ETTERORD

Etter å ha lest den sethianske myten i denne boken, eller som gjengitt i andre bøker, kan man sitte igjen med spørsmålet om det finnes noen åndelige eller psykologiske størrelser som Yaldabout og Nebroel, som forsøker å forhindre oss i å kjenne den sanne Gud, eller vårt sanne selv.

Til dette kan jeg bare svare at om de finnes eller ikke, om de har en objektiv natur eller er deler av vårt sinn, så oppfører verden og sinnet seg som om de finnes.

Sethianismen tok trolig utgangspunkt i observasjoner av menneskesinnets oppbygning og naturens meningsløse og samvittighetsløse gang, og stilte seg spørsmålet: Hvorfor er det så mye lidelse og fortvilelse i verden, og hvorfor er vi her? Det mest nærliggende og rasjonelle religiøse svaret vil da være: Verden ble ikke lagd av en god og allmektig gud, og mennesket hører egentlig ikke hjemme her. Og slik kan vi tenke oss opphavet til gnostisk tenkning, som videre går over i søken etter den sanne og gode Gud, og menneskets sanne hjem.

Sethianisme er derfor, slik som det er beskrevet her, en religion for det rasjonelle utforskende og pragmatiske mennesket, som vil søke sannheten og Gud gjennom en annerledes tilnærming til det religiøse liv.

Appendiks

De gnostiske restaureringstradisjonene

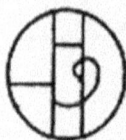

Restaureringen er en restaurering av de gamle gnostiske skolene. Vi anerkjenner at de alle har samme kjerne, men har foretrukket ulike estetiske uttrykk for denne Sannheten.
Dette gjør at alle skoler, kirker eller ordensselskap som formidler gnosis er likeverdige. Diskusjon mellom de ulike grupperinger er spørsmål om mest hensiktsmessig form og praksis.

Restaureringsgnostikere er opptatt av språket i de gnostiske tradisjonene. Mange år med pistisk bruk av mange fellesbegrep i de jødiske og kristne tradisjonene, har satt en uutslettelig farge på viktig terminologi.
Siden språk skaper virkelighet, er det viktig å gjenvinne begrepenes fleksibilitet gjennom eksplisitt refortolkning.

Gnosis er videreformidlet i mange av ordenssamfunnene som har sitt opphav i tiden før første verdenskrig. Det er passende for restaureringsgnostikere å søke disse uttrykkene i deres gamle strukturer for inspirasjon og videreutvikling av tradisjonen.

Den gnostiske fortellingens drakt skal alltid fortelle historien slik at det moderne menneske ikke skal fremmedgjøres fra dens kjerne. Dette vil si at ulike medier og tilpasninger gjennom fortellerkunst er viktige i formidlingen.

I arbeidet med restaureringsgnostisisme settes den personlige levende erkjennelsen først. Denne har sprunget ut av tradisjonens kilder, er nå det levende uttrykket for gnostisisme, og setter kildetekstene i andre rekke.

For å frigjøre seg fra kildetekstenes begrensninger, kreves en god forståelse av deres innhold og implisitte betydning. Dette krever at restaureringsgnostikere også innehar en god akademisk forståelse av kildematerialet, slik at de vet hva som kan forandres uten at tradisjonens egenart oppløses.

Restaureringsgnostikere skal lage egne gnostiske skrifter, basert på egen erkjennelse.

Restaureringsgnostikere er pedagoger og brukskunstnere. Tradisjonene anses som didaktiske redskaper og kunstneriske uttrykk for å realisere Mysteriets kjerne.

Sannheten, som omtales som Mysteriet, er konstant. Uttrykket er imidlertid fleksibelt og betinget av tidsepoke og kultur.

VEIEN TIL GNOSIS

Dette er et kort utdrag fra et upublisert intervju med en initiert i SSS. Det er tatt med her for å gi noen perspektiver på hvordan en person møtte gnostisisme, og for å gi innsikt i noen av tankene denne gjorde seg rundt dette møtet og veien dit.

Kan du fortelle litt om hvordan du begynte din religiøse søken?
Da jeg var femten år forsøkte jeg å finne min plass i den trosbaserte kirken. Jeg hadde en god venn som diskusjonspartner, og sammen utforsket vi Bibelens historier, og ofte kom vi ut med samme paradoks: Man kan bare velge én av følgende påstander, gitt at Gud skapte verden og menneskene:
Gud er god
eller
Gud er allmektig.
Hans svar var som oftest, Gud er god og uransakelig, derfor kunne han også se bort fra *eller* og føye til allmektig.
Dette var et argument jeg aldri kunne godta.
For meg måtte argumentet heller bli Gud er god, men Satan er en motstander som er like mektig eller mektigere enn Gud. Jeg trodde imidlertid heller ikke på dette.
Den andre muligheten var da mer sannsynlig, og langt med urovekkende, nemlig at Gud er allmektig men ikke bare god.
Som et oppriktig søkende menneske plaget dette meg svært ofte, som en mistanke som lurte i bakgrunnen av sinnet, og som jeg ikke ville vite svaret på, da jeg var redd for at jeg allerede visste svaret.

Var det i denne sammenheng du ble kjent med de gnostiske fortellingene?

Nei, det var først to år senere at jeg hørte om gnostisisme første gang. Dette var i sammenheng med at jeg kom over en bok som kort beskrev at det fantes mange kristne evangelier i den tidlige kristendommen, men at bare noen ble valgt ut til å være i det nye testamentet.

Dette førte til at jeg leste en utførlig beskrivelse av budskapet som formidles i *Johannes' hemmelige bok,* som presenterer hele den gnostiske mytologien.

Resultatet vakte dyp avsky blandet med dyp tiltrekning og en rar fornemmelse av å bekrefte noe jeg alltid hadde visst.

Den veldige dissonansen dette skapte mellom min lett skeptiske kristentro og en historie som forklarte alt som hadde plaget meg, førte til at jeg ikke fortsatte inn i denne åpenbaringen før to år senere, da jeg atter ble innhentet av denne fortellingen.

Jeg var da forsonet med tanken, og klar til å gå inn i det jeg da hadde forstått som den forløsende veien som kan gi fred til den som ikke kan hvile før alle mysterier er åpenbart og alle hemmeligheter meddelt.

Hvordan vil du beskrive den gnostiske veien til en utenforstående?

Gnostisisme er en gruppe tradisjoner for den som ikke kan nøye seg med å tro, men som allikevel ønsker å forholde seg til en kristen referanseramme. Det er en religion for dem som, sammen med Alice i Eventyrland, vil følge den hvite kaninen til veis ende for å se og erfare hva som finnes der.

Jeg liker å tenke på det som en form for eksperimentell teologi, for myten fortelles på mange måter, og det de ulike versjonene har til felles er at ved å forstå vårt vesens natur, og dets rette indre forhold til Gud og naturen, vil vi forløses og bli fri mens vi fortsatt er i verden.

Intervju med en tradisjonsformidler

Et utdrag:

Du beskriver Sodalitas Sanctum Seth *som en mysterieskole, men hva skiller denne fra andre typer kirkesamfunn?*
SSS er ikke en kirke eller en religion som sådan, men et fellesskap som bygger på en felles erkjennelse, og som benytter den sethianske rammefortellingen som utgangspunkt for å tolke og forstå denne erkjennelsen. Vi bygger med andre ord videre på de gamle sethianske fortellingene, og aktualiserer disse for nye generasjoner. Hele tiden med en kjærlighet til Mysteriets uttrykk i vår tradisjon.
Vi oppfatter SSS som en gnostisk restaureringstradisjon.

Hva vil det si?
Restaureringsgnostisisme setter Mysteriet i sentrum, og arbeider kunstnerisk i forhold til å formidle tradisjonen i en moderne eller postmoderne verden, uten verken å bryte med tradisjonens særegne uttrykk eller å være fanget av dem.

Hvordan er SSS organisert?
Organisasjonens læremåte består av mester- og elevrelasjoner. Eleven er lærling til han eller hun selv er klar for å bli en selvstendig bærer av tradisjonen; denne kan da også selv bli en mester, og kan dedikere seg til å videreformidle tradisjonen selv.
SSS som organisasjon består med andre ord av en linje av mestre.
Organisasjonen er ledet av en mester. Denne har som sin funksjon å sørge for tradisjonens utbredelse og overlevelse gjennom historien. Han beskytter boken *Charaxio,* som er

mysterieskolens hellige bok, og er en hemmelig vokter av den sethianske planen.

En fullt initiert mester kan fritt lage et SSS-fellesskap av mestre og elever, eller arbeide på egenhånd.

For å kunne bli del av SSS, må man bli tilknyttet en læremester, gå i lære hos denne, og motta sakramentene. Læremestre i SSS i dag, krever vanligvis at elevene tar del i et ordensfelleskap som kan utgjøre andre del av et tospann i opplæringen, for å gi en flersidig innfallsvinkel til arbeidet.

Hvilke ordener er det her tale om, og hvorfor er dette nødvendig?
Det er ikke nødvendig å være med i noen orden, men vi anbefaler det fordi dette kan gi andre erfaringer og perspektiver som styrker erkjennelsesarbeidet. Ordener er også i større grad sosiale fellesskap hvor mulighetene for å diskutere sin livsanskuelse med andre likesinnede kan være større. Dette vil også kunne bidra til å løse opp bindingen mellom mester og elev, slik at eleven heller ikke blir fanget i et lukket avhengighetsforhold til læremesteren. Det er særlig to ordensselskap som anbefales på bakgrunn av deres metodelikhet og resonans med SSS [se "De gnostiske restaureringstradisjonene", gjengitt i appendiks 1, forf. anm.]. Disse er *Sodalitas Rosae Crucis* og
Ordre Reaux Croix. Disse ordenene gir eleven mulighet til å få et bredt perspektiv og en mer allsidig forståelse av henholdsvis magisk og mystisk tilnærming til Mysteriet.

Hvordan rekrutterer SSS nye medlemmer?
Det gjør vi ikke. SSS har ingen e-postadresse, så man må eventuelt bli invitert, eller komme i kontakt gjennom andre medier, da SSS ikke verver nye medlemmer. En mulighet er å kontakte en av de to ordenene jeg nevnte tidligere, da det finnes medlemmer i disse ordenene som også er elever og mestre i SSS.

REFERANSER OG ANBEFALT VIDERE LESNING

Det finnes i dag et vell av bøker og tekster som bruker begrepene *gnosis* og *gnostisisme*, uten nødvendigvis å basere dette på tradisjonen som gav opphav til begrepet.

For å hjelpe leseren som ønsker å fordype seg i de gnostiske tradisjonene, anbefales her noen bøker som kan gi utvidet forståelse av gnostisisme, sethianisme og det mysterium som disse tradisjonene mener å kjenne til:

Pagels, Elaine: **_The Gnostic Gospels_**
Dette er en god innføring i gnostisk historie og tenkning, og har etter sin utgivelse blitt en klassiker for både lek og lærd.

King, Karen: **_The Secret Revelation of John_**
Den beste akademiske tolkningen av boken som gjerne omtales som den gnostiske bibel.

King, Karen: **_The Gospel of Mary of Magdala_**
En god beskrivelse av gnostisk lære og Maria Magdalena som en av, om ikke den viktigste av Jesu disipler i gnostisk tradisjon.

Amundsen Christian: **_Illumination_**
En god introduksjon til gnostisisme skrevet fra et rent innenfra-perspektiv.

Mayer, Marvin (red.): **The Nag Hammadi Scriptures**
Gnostisismens største standardverk.
Boken består av nyoversettelser av de
mest sentrale gnostiske tekstene.

Silesius, Angelus: **Den Kjerubinske vandringsmann**
Dette er ikke et gnostisk verk, men
omhandler det gnostiske mysteriet på
en god og poetisk måte.

ANBEFALTE FILMER

The Matrix 1

Den første *Matrix*-filmen beskriver hovedpersonens vei til gnosis, som psykologisk sett er nokså lik den som man finner i sethianismen.

The Truman Show

Filmen viser forholdet mellom mennesket og Yaldabout på en god og humoristisk måte.

The 13th floor

Filmen behandler spørsmålet om virkelighetens soliditet og troverdighet, og problematikken rundt metanoia.

Gabriel

Gabriel behandler problemet med å bli plassert i en verden som ikke passer ens natur.

Equilibrium

En fremtidsdystopi som behandler spørsmålet om mennesket kan modifiseres til å passe inn i verden.

Vanilla Sky

En god film om forholdet mellom drøm og virkelighet.

Cube

En film om meningsløse strukturer og deres påvirkning på menneskesinnet.

Donnie Darko
En god film om virkelighetens skjørhet.

Alice in Wonderland
En klassiker om mening og meningsløshet.

The Sin Eater
Denne filmen bidrar til debatten om de religiøse institusjonenes monopol på frelse og forløsning.

Blade runner
Blade runner er en klassiker innen AI-filmer. Den viser problematikken rundt forholdet mellom skaperen og det skapte.

Den brysomme mannen
En fantastisk god norsk film om mening, meningsløshet og opplevelsen av eksistensielt fangenskap.

www.ingramcontent.com/pod-product-compliance
Lightning Source LLC
Chambersburg PA
CBHW030400100426
42812CB00028B/2778/J